中學生

晨讀10分鐘

未來媒體我看見

黃哲斌 著

目錄

不可不知APP防身術

目錄

鄉民大挑戰

科技素養好好玩

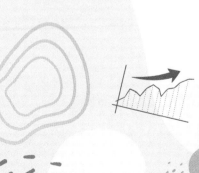

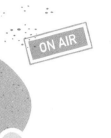

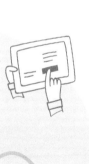

作者的話

數位資訊海洋的一級玩家

二〇一六年，《親子天下》雜誌有篇報導引起我的注意，高工畢業、就讀臺科大及臺大機械研究所的黃偉翔，自力創辦臺灣第一個技職教育媒體「技職3.0」。除了架站，他身兼獨立記者，背著相機與筆電四處採訪，希望讓更多人理解職業教育管道，因而引起教育單位的重視。

四年後，《天下雜誌》另一篇報導同樣打動我，中壢高中學生許云澤自學架設「高中生資訊網」，課餘撰寫各種中學生關心的文章，像是「高中營隊報名資訊統整」、「高中自主學習課程如何規劃」、「高中營隊籌備全攻略」等，網站大受歡迎，累積近萬名電子報訂戶。

黃偉翔與許云澤，都是數位時代的「出版人」。他們瞄準自己關心的議題，耕耘主流媒體較少關注的領域，以一己之力，發揮網路傳播影響力。

他們的例子看來特殊，其實，「創辦自己的媒體」曾經門檻不高。一八三三年，美國第一份成功的大衆報紙《太陽報》上市，報社老闆不過二十三歲，以刺激報份為編採最高原則，堪稱八卦媒體的祖師爺。《紐約時報》十八年後創刊，靈魂人物是三十一歲的年輕記者，提倡媒體應理性負責，留下珍貴的報業遺產。

近兩百年來，傳播媒體一直朝向專業分工、資本密集等趨勢發展，「新聞」成為一個產業、一種專業技能，無論寫作格式、編輯概念、產製流程、組織分工逐漸成熟且複雜化，擁有媒體的成本也越來越高。

以臺灣為例，過去十幾年間，中時媒體集團約以兩百億元賣給食品業老闆、壹電視以十四億元出售給年代集團、八大電視以三十億元賣給台塑第二代、TVBS約以九十億元被宏達電創辦人收購。

一方面，「媒體大亨」變成一種新的身分階級，平民媒體的時代似乎遙不可及。另一方面，就像黃偉翔、許云澤的故事，數位科技打破高聳的創業門檻，無論新聞媒體或網路服務，創意與執行力往往比身分、學歷、財力更重要。

一九九四年，生於臺灣、二十六歲的史丹佛研究生楊致遠，與同學架了一個網站「傑瑞與大衛的網路指南」，專門蒐集並分類各種網路資源；三個月後更名為「雅虎」，迅速躍為全球第一的入口網站。

谷歌開站時，兩名創辦人都只有二十五歲；臉書上線時，馬克．祖克柏才二十歲。或許你知道，YouTube催生者陳士駿也來自臺灣，他創立這個影音平臺霸主時，還不滿二十七歲。

我們身處一個奇妙時代：科技降低訊息傳播的成本，每個人都能輕易創作並快速溝通；科技同時模糊了新聞與資訊的界線，讓專業報導與生活書寫在同一平臺被看見。最終，數位傳播權力下放普及，被稱為「第二次古騰堡革命」——第一次革命，讓人人都可能是讀者；第二次革命，讓人人都可能是作者、評論者、報導者。

問題是，數位科技帶來公平，也帶來混亂。爆炸成長的資訊量，讓人們選擇困難；網路匿名與社群平臺演算法，讓仇恨言論與偏見主導公共討論；別具用心的訊息來源，讓假新聞與假帳號到處流竄；智慧手機與通訊軟體普及，讓網路成癮、隱私侵犯變成全球性隱憂……。這些文明威脅，都是二十一世紀的新興議題。

全新的資訊時代，需要全新的媒體素養與科技鑑別力。因此，本書分為四個部分，檢視當前的四道關卡。「媒體有事嗎」回歸核心，探討數位時代的媒體識讀概念：產製生態、社會責任、新聞自由、數位轉型、公民改革等。

「不可不知App防身術」以Instagram與YouTube等熱門應用為例，討論網紅、迷因、兒少安全、注意力缺失等社群現象。「鄉民大挑戰」則關切假新聞、網路霸凌、酸民現象與大數據濫用等偏差行為，並提供趨吉避凶之道。

最後，「科技素養好好玩」不只藉由數位隱私、網路成癮等話題，討論資訊社會的必修課，同時以g0v零時政府等線上組織為例，見證數位公民正面積極的力量。「附錄」則挑選值得推薦的書籍、電影與TED演講，作為延伸讀本。

這是「數位原生代」的主場，既充滿機會，也處處挑戰，但願這些精心編選的內容，有助於年輕讀者們一網打盡，擇善固執，成為媒體素養與數位資訊的一級玩家。

/延伸閱讀/

本文開頭提到黃偉翔與許云澤的例子，你可以掃描以下兩個二維條碼，閱讀他們創辦網站的故事。

黃偉翔的故事

許云澤的故事

媒體有事嗎

社群時代的媒體識讀

引言

媒體有事嗎：社群時代的媒體識讀

一七〇四年，美國第一份固定發行的報紙《波士頓新聞信》創刊，由一位郵局局長出版發刊。

一七八五年，現代報業始祖英國《泰晤士報》開機印行，創辦人是一名潦倒的保險業務員，改行推銷印刷機而動念辦報。

一八七〇年，日本最早的報紙《橫濱新聞》發刊，經營者是審查外國書刊的官員子安峻，他後來又創辦《讀賣新聞》，旗下的讀賣巨人隊，是日本現存歷史最久的職棒球團。

至於臺灣，二次大戰前與戰後各有一份「民報」，前者由林獻堂等留日學生集資設立，催生「臺灣文化運動」；後者由留美青年博士林茂生主辦，是戰後初期最重要的民營報紙，兩者都在歷史與政治層面留下深遠影響。

長達兩百多年裡，「報紙」曾是最具代表性的新聞媒體，看報既是每天早餐桌上的儀式，也是社會溝通的主要媒介。直到上世紀後半，電視快速崛起，演化為上百個頻道的家庭娛樂中心，搶占客廳焦點，「全時新聞頻道」改變媒體與新聞的定義，也改變人們接收新聞的習慣。

千禧之交，網路應用大爆發，轉眼間，智慧手機、無線Wi-Fi讓「連網」就像水龍頭即開即得，社群網站與通訊軟體改變人類學習、溝通、交易、戀愛的方式，連帶劇烈衝擊古老的新聞產業。

我們正目睹媒體傳播史上，板塊變動最劇烈的時代，短短二十年，幾乎顛覆過去三百年的新聞產業規則。當此之際，我選了幾個面向，作為重新理解新聞媒體的切入角。

例如，「新聞」如何從鉛字與印刷機的類比世界，跳入螢幕與伺服器的數位時代？無論紙張或數位媒體，新聞自由為何仍然重要？媒體組織必須承擔哪些社會責任？當前媒體生態與報導立場，如何造成我們習稱的「媒體亂象」？在社群亂鬥的資訊環境下，個人又能扮演哪些正面角色？

「媒體識讀」在臺灣教育體系耕耘已久，播下無數種籽。但願本章各篇選文，讓你穿梭於歷史與現實之間，看見當下新聞媒體徘徊的十字路口。

印刷機與美食節目的祕密

新聞的起源是什麼？媒體記者與我們身處的世界有何關係？如何理解常聽到的「媒體數位轉型」？

讓我以三個無關記者的故事，回答這些問題。

第一個是博凱特兄弟（Birket）。他們的父親是印刷機技師，專門到報社裝設每臺四十八公尺長、一千公噸重的高速輪轉機，這些結構複雜的龐然大物，每小時能印出七萬份報紙，自動整齊切割、堆折成疊，方便捆裝打包，送上物流卡車。

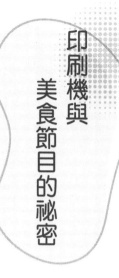

兄弟倆自小跟著父親搬家，從西雅圖到明尼亞波斯，哪裡的報社有需求，他們就搬到哪個城市。如今，他們繼承父業，主要業務卻是拆解報社倒閉、減印後的淘汰印刷機。

有些老舊印刷機直接肢解報廢，狀況較好的機器會找到其他報社接手。哥哥傑森（Jason Birket）是《紐約時報》的地區產品經理，兄弟倆曾拆卸《田納西人日報》的高速輪轉機，三十年前由老博凱特組裝，如今他們小心翼翼分解後，運到《紐約時報》的地區印刷廠重新組裝，機械零件誤差必須小於千分之七公分，才能精準套版套色。

弟弟喬（Joel Birket）獨立經營工作室，專精印刷機的裝設與拆卸。這一行牽涉複雜的機械、電氣與空壓技術，沒有專業文憑，幾乎全靠師徒相授，他們自稱「高斯大學」畢業，高斯（Goss）是全球最大印刷機製造商之一。不過，隨著產業需求轉移，喬也開始拓展其他業務，爲日產、施耐德等電機製造商提供裝配或維修服務。

博凱特父子象徵新聞這一行的科技轉進，從活字印刷開始，新聞的承載型態不斷迭代演化。上世紀中葉，平板印刷機每小時只能印出一千五百份報紙，檢排廠工人必須挑撿鉛字，以強力橡皮筋紮綑，再如同俄羅斯方塊疊組排版。隨著經濟與社會需求暴增，造價上億的高速輪轉機應運而生，電腦排版也逐步取代鉛字，這些精巧流水線曾是那時代的尖端科技，紙張媒體的王冠珍珠、新聞資訊的血管動脈。

今天，我們目睹新聞產業劇烈變動，背後同樣是科技與社會的世代跳躍。二〇〇四年以來，美國超過兩千一百家報社關閉；徹夜轟隆的高速輪轉機，逐漸被閃爍小綠燈的伺服器取代。如同消失的鉛字技藝，博凱特父子既是新時代的見證人，也是舊時代的送行者。

第二個故事是亞倫．艾達（Alan Alda），老牌舞臺劇及電影演員，艾美獎史上唯一贏得演員、編劇、導演三大獎項的創作者；他另一個較少人知的身分，是紐約州立石溪大學客座教授，該校亞倫．艾達科學傳播中心創辦人。

艾達曾主持美國公共電視PBS「科學美國前鋒」系列，每集訪問學有專精的科學家，從機器人到人工智慧，設法讓他們以明晰語言及比喻，講述艱澀的科學概念。

節目落幕後，艾達找上石溪大學新聞學院，希望持續推廣科學傳播。他的初心是，科學知識普及非常重要，但多數科學家分享知識時，大多像是學術演講。艾達願意貢獻表演及主持經驗，教授科學及醫療專業人士，如何與新聞媒體及大衆溝通。

除了固定教學課程，二〇一二年起，艾達創辦年度活動「火焰大挑戰」，每年挑出一個關鍵詞，邀請學者與學生以最生動、最易懂、最明晰的方式，解釋這個科學名詞，第一年就是「何謂火焰」，第二年是「何謂時間」，評審是全球數千名線上收看的十一歲學童，首獎只有一千美元獎金，卻創造一種活潑的科普傳播風氣。

艾達接受媒體訪問時，表示他十一歲那年，開始認眞思考「什麼是火」，因而動念創辦這個活動。他認爲，十一歲學童具備好奇心、科學探索能力，同時能搜尋並驗證答案，分辨哪些挑戰者是誠懇認眞，哪些是譁衆取寵。

艾達與新聞學術機構合作，並非巧合。他的熱情實驗，對應新聞媒體的原型初衷：扮演專業領域與社會大衆的知性橋梁，正如官網描述，「以清晰、生動、引人入勝的方式，交流複雜話題，增進公衆理解」，既讓小學生也能通曉，又必須基於事實陳述，而非憑空捏造。

艾達的科普願念告訴我們，無論科技如何演進、無論平臺形式如何變異，新聞記者的立足起源是人類理解世界、連結社群的智性需求。

第三個故事是安東尼．波登（Anthony Bourdain）。從廚師、美食作家轉戰電視的他，二〇一八年驟逝後，多家媒體形容波登既是美食節目開拓者，也創造全新的新聞文類，這一切，可自二〇〇六年的貝魯特說起。

那年，早已成名的波登爲旅遊頻道主持「波登不設限」，他與製作單位在貝魯特此一「中東派對之都」，拍攝當地食物與文化，正好碰上以色列與眞主黨爆發戰爭，黎巴嫩境內砲火連天，波登與其他美國僑民在陸戰隊掩護下撤離，仍不忘以攝影機紀錄戰火下的街道面容。

這一集節目入圍電視艾美獎的新聞紀錄片獎項，並未得獎。然而，生於貝魯特的BBC記者金．加塔斯（Kim Ghattas），那年同樣以黎巴嫩戰爭爲主題，贏得國際新聞獎；加塔斯曾寫文章提到，她觀看波登節目時，目睹熟悉的街市與人群，忍不住淚流滿面，並自認永遠不可能拍得比他好。

加塔斯眼中，波登不但開創一種結合美食書寫、飲食展演、國際報導的節目類型，「更重要的是，他做到了移情與率性的完美融合，並著眼於細緻差異。」

另一方面，貝魯特永恆改變了波登，他不再滿足於異國食物與美景，包括日後的CNN節目「秘境探索」，波登經常前往災厄困苦之地，巨震後的海地、利比亞、伊拉克、古巴、加薩走廊，他以飲食爲媒介，探索當地的生活與政治。

波登多次提到：「食物最政治」。阿拉伯之春時，他在埃及拍攝街頭小吃「燉蠶豆」卻遭阻攔，因爲威權政府不希望民衆意識到，他們只剩蠶豆可吃；或因以色列封鎖加薩走廊，巴勒斯坦漁船難以出海，導致市場魚貨少得可憐。食材價格、醃製方式、調理差異，在波登眼中，都有獨特政治與經濟意義。

他最爲人稱道之處，就是採用樸素方法，提出最簡單的問題：你喜歡吃什麼？什麼會讓你快樂？你常去哪裡喝兩杯？如果離開這城市，你最想念什麼？波登自承，當他到處請教這些問題，往往得到讓人驚異的答案。

波登的例子，講述一個非典型的新聞故事，一位廚師，一名美食作家，一個節目主持人，也可能是一個目擊世界的報導者，前提是，他必須具備強烈好奇心，不設限的開放心態，敏銳的觀察力與同理心，以及說故事的飢渴熱情。

二〇一三年，「秘境探索」獲頒美國廣播電視最高榮譽皮博迪獎，評審形容波登是「一個直率、誠實、好奇的人，從不傲慢自大，從不阿諛奉承。因此，人們向他敞開大門，讓他比傳統記者更能展示他們的家園。」這段話分毫不差，正是新聞記者最珍貴的特質。

三個人物故事講完了，他們分別象徵傳播技術的歷史斷面、溝通欲望的亙古熱情、連結世界的善良願望，看似無關記者，但適切提醒我們：新聞從何處出發，最終迴向何處，無論是再生纖維的新聞紙上，或是有機發光二極體的手機螢幕上。

哲斌大叔的

素養概念開箱文

新聞產製

什麼是新聞？新聞價值如何產生？媒體專業除了內容產製，如何涵蓋科技層面？本文刻意透過三個非典型記者的案例，講述新聞媒體背後的故事。

關於現代媒體的起源，常提到「古騰堡革命」，意指十五世紀德國古騰堡發明活字印刷術，陸續催生書籍、雜誌、報紙等紙張媒體，促成知識與資訊普及。上世紀末，隨著網際網路快速進展、智慧手機提供友善介面，新聞內容紛紛從紙張印刷轉入數位，短短二十年，就顛覆了過去五世紀的媒體形式。

若想見證印刷時代的主流格式，可以造訪臺北市的「日星鑄字行」，實地觸摸那些顆粒感的鉛字，還能客製自己的姓名鉛字；或由學校提出申請，參觀現有報社的印刷設備，會讓你大開眼界。再過二十年，或許只有博物館能找到它們。

行人出版社曾印行《活字：記憶鉛與火的時代》一書，紀錄「日星鑄字行」等活字印刷的故事，若有興趣可以掃描二維條碼，閱讀日星老闆張介冠的受訪文章。

日星鑄字行
張介冠的專訪

如果記者像恐龍一樣消失

近年來，全球記者人數不斷萎縮、連年被求職網站評爲最糟工作之一。在臺灣，新聞記者的職業聲望不斷下降，原本熱門的新聞研究所，報考人數持續減少；網路上，常有「小時不讀書，長大當記者」等嘲笑的話，我們如何看待這些現象？新聞媒體很重要嗎？若有一天，記者如冰河巨獸般滅絕，我們身處的民主社會，會變成怎樣？

陳莉雅的故事，是一個珍貴例子。

陳莉雅在臺灣出生求學，曾在國內新聞網站任職。二〇一七年，她前往上海《好奇心日報》擔任記者，因爲她喜歡這個充滿活力的新聞網站。《好奇心日報》是中國近年最活躍的網路媒體，廣泛報導社會性題材，包括新浪審查同性戀內容、校園性騷擾事件等北京政府不喜歡的禁忌主題，但深獲網民好評。

陳莉雅到了中國後，第一個衝擊是，她辛苦採訪寫作的報導，有時上線不久就被「撤稿」，意即被政府單位要求刪除。對於在自由國家長大的她，這種經驗很有震撼性，接到「撤稿」指令後，她只有不到十分鐘空窗，趕緊截圖備份留念，隨後眼睜睜看著自己的心血結晶變成404畫面；同時，她還要向受訪者致歉，因爲讓他們白忙一場。

陳莉雅曾在一篇文章寫道，前幾次被撤稿，會因「一種難以形容的厭惡感，在電腦前暗自啜泣」；後來，她漸漸不覺得難過，因爲如此，她反而憂心問同事：「會不會哪天，我會對這一切都開始感到麻木？」

後來，情況越來越糟，網路主管機關曾率領大批人員，衝進他們的辦公室，到處搜查並盤問記者。隨之而來的是，《好奇心日報》多次遭政府「整改」，亦即整頓改造，包括網站停止更新、微博微信等社群帳號禁止發文，等於勒令關站。

因爲流量與財務重挫，《好奇心日報》被迫裁員縮編、調整報導方向。陳莉雅提到，在那種風聲鶴唳的氣氛下，她不自覺產生一些奇妙反應，例如，一得知中國公安上門，就先將手機上的採訪紀錄與隨筆，趕緊上傳到Google Drive。然後，與公司報備狀況後，馬上刪除採訪相關的對話紀錄。

二〇一九年，陳莉雅辭職回到臺灣，她感慨表示，每次回來，一踏上機場就會產生難以言喻的安全感，因爲她知道，這些粗暴的政治干預，不會發生在她的家鄉。

其實，臺灣曾有類似經歷。在戒嚴時期，出版任何雜誌或刊物，必須事先向新聞局申請，出刊後也要接受政治審查，有時候，治安機關甚至衝到印刷廠，直接沒收、銷毀還未上市的刊物。

經過幾十年的努力，臺灣成爲一個民主開放的國家，享有充分新聞自由。無國界記者組織（RSF）二〇二〇年的全球新聞自由指數中，臺灣名列四十三位，在亞洲位居第二，僅微幅落後四十二名的南韓。

相對來說，在很多威權國家，新聞記者仍被視爲政府的敵人，飽受打壓，甚至判刑入獄。例如，無國界記者組織的調查裡，中國的新聞自由名列一七七名，全球倒數第四，敬陪末座的國家是北韓。

無論中國或北韓，一個沒有報導自由、記者功能無法正常發揮的國家，往往會出現以下現象：

一、公共議題消失了：

例如在中國，政府賦予新聞媒體的使命是「傳播正能量」，所有媒體被嚴格管控、改革意識的記者紛紛離開，或流放海外，甚至關進牢裡，根據記者保護協會統計，截至二〇一八年，中國至少抓捕四十七名記者入獄。

當媒體生態澈底崩潰，不只政治議題，公共安全、勞資糾紛、消費權益、性別平權等議題，都可能被封殺。中國近年發生網貸平臺倒閉、長租公寓騙局等民生風暴，數以萬計受害者求償無門，無處發聲，甚至自殺抗議。

或許，你看過電影《末日之戰》，原著小說裡，情節設定中國爆發疫情後，因政府隱瞞而擴散全球。作者曾公開表示，背景選擇中國，除了SARS經驗，更因這類情節容易發生在新聞管控嚴格的獨裁國家。二〇二〇年初的新冠肺炎，正因官方封鎖訊息、媒體無法發揮預警功能，造成疫情蔓延全球，完全證實作者的假設。

二、政治與歷史被扭曲：

當新聞媒體只剩愛國愛黨的「主旋律」，《紐約時報》曾形容，中國官方媒體像是「習近平的追星宣傳機器」，一般人打開新聞APP，只剩下「大國崛起，歲月靜好」，社會真實被嚴重扭曲。像是香港二〇一九年的抗爭活動，多數中國民衆並不理解來龍去脈，只能接收官方宣傳的片面資訊，因而產生誤解。

從另一角度來看，新聞是昨日的記憶、明日的歷史，當年輕一代欠缺多元平衡的資訊，可能失去對歷史現實的感知。前BBC駐中國記者林慕蓮（Louisa Lim）就曾形容，中國因爲媒體環境失眞，育養出「沒有天安門記憶，對歷史一無所知」的年輕世代。

三、全面監控升級：

更可怕的是，當新聞記者失去功能，再配合嚴密的網路審查，所有政策都無法深入討論，政府就可能爲所欲爲。例如，在中國買車票必須實名制，入住飯店開始被迫留下臉部辨識，政府大量利用科技監控，加上「社會信用評分」等措施，個人自由空間越來越小。

若在臺灣、美國等具備新聞自由的國家，很難想像上述侵犯人權的政策，不會受到質疑或抵抗；然而在中國，「安全穩定」的媒體宣傳，掩蓋了零星的反對聲浪。

此外，新聞記者經常扮演資訊透明化、維護人身權利的關鍵角色，無論香港抗爭活動，或臺灣二〇一四年的太陽花學運，現場記者往往是阻止警方濫權的重要防線。

讓我們回到開頭的提問，新聞媒體很重要嗎？答案是肯定的，媒體報導可以傳達各種民間意見、形成公共辯論，防止政府侵害人民權益、揭露企業內部弊端，讓公共決策及預算運用透明化，讓弱勢群體及少數意見得以發聲，這一切高度仰賴自由、開放、多元的新聞環境。

二〇二〇年間，臺灣防堵新冠肺炎的成功經驗，受到全球肯定，除了政府部門決策明快、資訊透明，另一原因是SARS期間反應失當，透過媒體報導追蹤、醫療界檢視批評，成為此次抗疫的無形資產。

例如，前疾管局長蘇益仁曾回憶抗煞經歷，指出當時政府部門輕忽誤判、政治凌駕專業、民眾缺乏防疫意識，造成和平封院及群聚感染等嚴重疫情，事後透過媒體究責，留下坦率的公開紀錄。這些慘痛經驗，讓臺灣修訂《傳染病防治法》，確立疫情指揮中心制度，奠定防堵新冠肺炎的重要基礎。

換言之，一個公開透明的新聞環境裡，媒體報導除了早期預警、中期溝通，事後還能追究問責，並留下紀錄，供公共部門警惕修正。

當然，臺灣媒體的整體表現遠非完美，甚至不乏醜陋面，其中，固然有記者個人失職，更多是整體產業生態失衡，導致各種荒腔走板的新聞報導。所以，臺灣新聞媒體的問題出在哪裡？

陳莉雅的文章提到，臺灣媒體自由受商業力量的破壞，與極權政治箝制言論的傷害不相上下。無國界記者組織也有類似觀察，臺灣新聞自由原本亞洲第一，近年略爲退步，因而小輸南韓，他們指出衰退主因是：

（一）聳動取向、商業利潤主導的編輯室，造成新聞兩極化，（二）政府未採取足夠措施，保障記者編採獨立、促進公共討論的空間，（三）由於媒體生存處境艱難，代理北京利益的媒體老闆趁虛而入，（四）中國主導的網路假資訊宣傳。

我曾形容，新聞記者不是珍稀特有種，也不需要瀕危保護，新聞記者只是礦坑裡的金絲雀，敏感警告危險的生存環境。當前新聞媒體的危機，也正是臺灣社會的危機。

因此，保護新聞自由，也是保護臺灣的民主生活、保護我們的資訊流通環境。若要解決當前媒體問題，就要從理解新聞產業環境、改善資訊流通生態開始，我們將在下一篇討論這個題目。

哲斌大叔的
素養概念開箱文

新聞自由

我國憲法雖未明文提及「新聞自由」，但第十一條明定「人民有言論、講學、著作及出版之自由」，大法官多次釋憲表示，其中已包括保障新聞採訪、編輯、傳播的自由。

文中提及的「無國界記者組織」，是一個跨國非營利團體，總部位於巴黎，主要使命是促進新聞自由、保護記者人身免受迫害，他們每年會評估各國的新聞自由指數，關於該年的報告，可掃描第一個二維條碼。

此外，陳莉雅曾撰寫三篇文章，公開她在中國的新聞採訪經歷，她的經驗可以提醒我們，新聞自由何其可貴，掃描第二個條碼，就能閱讀系列第一篇文章。

世界新聞自由指數報告

陳莉雅的中國採訪經歷

媒體亂象究竟誰來亂

每年，位於巴黎的無國界記者組織固定發布「新聞自由指數」，臺灣總是全球資優生，穩居亞洲前兩名；然而，英國路透新聞學院的年度媒體調查裡，臺灣民眾的媒體信任感持續低迷，以二〇二〇年發布的調查爲例，臺灣在四十個受訪國家中，新聞媒體的信任度倒數第三。

臺灣擁有最自由的新聞環境，卻有最糟的媒體社會信任，我們常用「媒體亂象」形容光怪陸離的新聞報導，爲何落差如此大？這一切，必須從臺灣媒體演進歷程談起。

我讀小學的一九七〇年代，「新聞」的選擇很少，兩家主要報紙，政府規定每天只能印三大張；三家電視臺，新聞時段只有中午、晚上各半小時；此外，廣播新聞點到爲止，而且，所有媒體內容都要接受政府審查。

一九九四年，我進入一家大報社，臺灣當時已經解嚴，編輯部仍常口耳相傳一些陳年軼事，例如有年雙十節，某報刊出總統文告，將「中央」誤植爲「中共」，隔天就有憲兵上門包圍編輯部，從編輯、校對到總編輯都必須接受調查，確認有沒有「匪諜」潛伏。

這類事蹟在編輯臺流傳，像是恐嚇小孩的鬼故事，提醒「一個錯字，就足以招來巨大麻煩」。

不過，由於媒體選擇不多，隨著臺灣經濟發展，商業廣告需求量暴增，只要掌握報紙印刷機，等於掌握印鈔機。因爲廣告版面供不應求，報紙會依各縣市分版，刊印不同廣告；臺北市人口最多，還分成AB兩種版本，容納兩倍廣告量。即使如此，我的資深同事曾回憶，「廣告主經常揹著一整袋現金」，親自到報社搶版面。

換言之，那是一個資訊通路稀少的年代，無論是讀者注意力、廣告等商業資源，高度集中在有限的報紙版面、電視時段裡。

等到一九九〇年代，俗稱「第四臺」的有線電視系統開放、二十四小時新聞臺開播，劇烈改變了臺灣媒體生態。一方面，「新聞」的時差越來越短、易得性越來越高，像是水龍頭一樣，扭開即時就有，而且幾近免費。

那是臺灣媒體的關鍵年代，一方面，活潑、富臨場感、感染力強大的電視新聞，成爲全民媒體的象徵，從小麵攤到理髮院，五十開頭的頻道在大街小巷一字排開聯播。

另一方面，兩千多萬人口的國家，擁有全球密度最高的二十四小時新聞頻道，註定是一場供過於求的眼球戰爭，加上以收視率爲計算公式的廣告規則，電視新聞競相走上瑣碎化、綜藝化、煽情化，只為了爭奪零點幾的收視率。於是，浮濫的SNG連線、颱風夜的記者泡水競賽、雞毛蒜皮的消費紛爭、路口監視器的廉價複製，構成每天陪我們吃晚餐的電視新聞。

隨著二十一世紀來臨，臺灣的媒體市場同時面對兩波劇烈變化，一是《壹週刊》與《蘋果日報》搶灘臺灣，將有線新聞臺的競爭策略平面化、極限化，也讓臺灣媒體掉入聳動八卦的吸睛邏輯。二是網際網路普及，數位媒體加入戰場，以報紙為首的傳統媒體，生存越來越困難。

於是，歷史悠久的《自立晚報》、《民生報》紛紛停刊，中時報系轉手賣給食品大亨，鼎盛時期的三家晚報陸續打烊。雪上加霜的是，數位廣告雖然快速成長，但被Google、臉書與YouTube等跨國科技平臺大口鯨吞，且比例逐年攀升。本地新聞媒體等內容網站只能分食餅乾屑。

身為新聞消費者，我們不再像我小時候，身處一個資訊稀少的時代；相反的，我們面對一個社群資訊過度膨脹的時空，每天打開臉書、Instagram、YouTube、TikTok，螢幕上是永遠看不完的垂直訊息流，偶爾夾雜幾則新聞，我們大多瞄一眼標題，就立刻往下捲。

有時，只因標題或圖片很刺激、很浮誇，我們還沒點進去，就「未看先推」，也不管這則新聞的作者是誰，消息來源是不是可信。我們常在Line群組或臉書社團裡，看過這些眞假難辨的新聞資訊，它們背後往往藏有商業或政治目的。

這類例子很多，像是二〇二〇年九月，很多人分享一段來自印度的網路影片，宣稱「中共戰機遭臺灣飛彈擊落」，雖無足以辨識的證據，也未註明出處，但聳動內容吸引無數目光。以印度「IFE新聞網」推特帳號爲例，推文一小時內獲得兩千多人按讚、一千多人轉推。

當然，此事子虛烏有。自稱「新媒體」的印度IFE新聞網，所有資訊源都蒐自網路，並非一手採訪，事前也未查證，單純利用印中衝突情緒，編造網路爆紅內容，賺取廣告利益，連帶擴散至中文網路圈。

在這種混亂的資訊環境下，新聞媒體面臨讀者注意力及廣告營收雙雙萎縮，很多經營者選擇最直覺的回應策略：

一、開源策略：承辦各項藝文展演或政府文宣、開發各種商業置入行銷、創造聳動內容換取微薄廣告收入。

二、節流策略：一方面裁撤國外採訪駐點、縮減專業路線及地方人力、限制差旅支出。另一方面裁員減薪、組織整併，同時以低薪聘用新進人力，以「責任制」加重年輕記者工作量。

三、社群策略：聘雇乏少經驗或訓練的工作者，每日抄寫臉書、PTT等社群貼文，或轉錄YouTube熱門影片、監視器畫面，配上刺激感官情緒的標題與圖像，上網競爭按讚數與觸及數。

換言之，半世紀以來，臺灣擺脫了政治箝制，擁有難能可貴的媒體開放環境，卻因爲過度競爭，加上數位廣告大多流向谷歌、臉書等跨國科技平臺，因此，新聞媒體普遍活得很掙扎。

有些媒體老闆選擇隨波逐流，要求記者大量生產煽動情緒、侵犯隱私、詭異獵奇、缺乏查證的內容，只爲了吸引社群推播或網友點閱，不擇手段爭奪所謂「網路聲量」，換取廣告收入，而且不願投資高成本的新聞報導，讓編採品質不斷下滑、錯誤連篇，連帶拉低社會大衆信任感。

當然，也有嚴謹負責、認眞發掘社會議題的新聞記者，只不過，他們通常很寂寞，因爲辛苦採訪的新聞報導，點閱率往往比不上藝人八卦。問題是，當讀者用「媒體亂象」概括所有媒體問題，用「小時不讀書，長大當記者」嘲笑所有新聞工作者，我們就不容易區辨資訊內容的好壞，不容易鑑別媒體來源是否可信。就像一個班級，如果被貼上「放牛班」標籤，就很容易抹煞個別學生的努力。

讀到這裡，對於文章開頭的提問，你應該會有比較完整的理解。就像無國界記者組織的評語，臺灣新聞自由的最大威脅，來自於市場失序，造成商業力量過度干擾，衍生信任低迷、假資訊攻擊等各種弊病。

如果「新聞自由」很重要，而且是臺灣值得珍惜的民主資產，那麼，我們更應該小心翼翼守護。然後由此出發，不斷追問：誰濫用了新聞自由？如何反制那些不負責任的媒體報導？如何鼓勵那些認真的新聞工作者？身爲資訊消費者，個人能做什麼？若善用社群力量，能不能促成一個更健康的媒體生態？

答案可能有很多種，本章第七篇〈自己的新聞自己救〉，提供其中一種建議。唯有所有人一起努力，讓臺灣的新聞環境不再「亂象」，我們才會擁有一個更好的資訊環境。

哲斌大叔的
素養概念開箱文

媒體生態

我們經常以「媒體亂象」一詞，概括當前新聞市場的失序現象。然而，新聞媒體也是一種「產業」，交易內容是新聞資訊，必須負擔龐大人力及製作成本。問題是：數位閱讀、行動載具、社群平臺劇烈改變了媒體產業生態，造就千奇百怪的新聞現象。

因此，當務之急，就是促成一個相對健康的媒體生態，讓社會重要議題都被妥善報導，弱勢群體也有發聲管道；讓利益衝突或爭議各方，都有公平、理性的對話空間。一個自由多元、積極負責的媒體環境，較能抵擋假資訊的攻擊，同時避免陰謀論快速流竄，傷害我們的民主體制。

關於臺灣媒體生態，公共電視「P# 新聞實驗室」曾製作一系列短片，風趣幽默，簡單易懂，推薦大家掃條碼收看。

公共電視
P# 新聞實驗室

當主播愛上政治人物

新聞媒體經常被批評「報導不公」，尤其選舉越近，就會被檢視是否「黨派化」，是否偏袒特定政黨或候選人？爲何新聞媒體應該保持中立，不應過度傾向任何黨派？崔西．里根（Trish Regan）的故事，就是很好的例子。

崔西．里根是福斯財經臺八點檔主播，福斯臺內立場一向親近共和黨。二〇二〇年三月九日，里根惹上大麻煩，當時疫情已襲擊美國，東西岸各州宣布緊急狀態，國會火速通過鉅額抗疫預算，媒體高度關注白宮政策措施。然而，里根播報時，將焦點轉至政治陰謀論：「仇恨正在沸騰，自由派媒體中，許多人利用病毒來妖魔化總統，嘗試摧毀他。這是對總統再一次彈劾的企圖……。」

更糟的是，電視螢幕標題打出「冠狀病毒彈劾騙局」。

快速升溫的確診警報、醫療資源的短缺窘狀，讓福斯新聞不斷湧入抗議，福斯先是停播里根的節目，改爲一般新聞時段，說詞是「因應疫情報導需要」；三月二十七日，福斯宣布與里根「分道揚鑣」，那是「開除」的委婉說法。

你可以說，里根是無辜的，她只是迎合福斯臺內的政治偏好，迎合主要觀衆群，迎合刺激收視率及廣告的商業邏輯；你也可以說，里根並不無辜，她不但未反抗媒體政治立場，反而將同一套邏輯，放進所有報導框架裡，即使是事關人命的疫病新聞。

里根事件展現當代商業媒體的要命缺陷：當新聞黨派化，當主播戴上政治眼鏡，最後，他們只看見政治，其他議題都是「假議題」。日積月累，政治口水被娛樂化、脫口秀化，連帶影響觀看者認知，當疫情衝擊來臨，各懷私心的報導立場，間接造成人爲防疫缺口。

電視新聞的影響力雖已逐年衰退，但針對特定族群，仍具強力說服效果。疫情期間，英國媒體《經濟學人》調查指出一個驚人事實：收看不同電視頻道，明顯影響民衆配合防疫措施的意願。

例如，收視CNN或MSNBC新聞的觀衆，擔心病毒疫情的比例爲七十一％到七十四％，福斯新聞收視群憂心疫情的比例只有三十八％。而且，習慣收視福斯新聞的民衆，普遍認爲「疫情被誇大，也更不願意在家隔離」。

不只福斯新聞，新聞媒體若有特定政治立場，就可能連帶延伸到疫情議題上。疫情爆發時，NBC記者在白宮新聞發布會上，質疑川普放話有特效藥，是否給美國民衆一種「虛假的希望」？氣氛鬧僵後，記者最後詢問總統，對於陷入恐慌的民衆，想說些什麼？川普直接回嗆，「我會說，你是個爛記者」。

記者可以質疑政治人物嗎？當然可以，那是他工作的一部分，但必須基於公眾利益，而不是組織立場偏好。記者個人可以有政治立場嗎？也可以，但執行專業任務時，不應將個人好惡放在職業倫理之上，不應預設立場，或刻意扭曲，或誘導式發問，或製造衝突凸顯主觀臆測。

最好的新聞，經常在鍥而不捨追問下，才會浮現答案，前提是必須做足功課、提供合理動機、問題簡潔而精確、避免刻意操弄情緒。疫情期間，香港電臺記者唐若韞訪問WHO官員艾沃德（Bruce Aylward），凸顯國際組織對臺灣的政治偏見，就是最好例子。

相反的，如果電視新聞只想吸引立場相近的觀眾，故意播出誇大、一面倒的新聞或評論，嚇跑不同立場的觀眾，最後，就會像美國電視新聞一樣，兩邊楚河漢界，各據山頭，各自迎合共和、民主兩黨選民，而且互相攻擊，認爲對方的新聞報導都是一種黨派鬥爭。

結果很悲劇：傳播媒體打造巨大同溫層，言論越激烈、收視率就越高；收視率越高、主播與名嘴就越紅，越能攫取黃金時段及話語權力，最終，阻絕兩邊選民訊息互通，破壞社會溝通的對話基礎。更糟的是，失去觀點平衡的群眾，就像沒有抗體的人體，更容易誤信各種誇大、扭曲的網路假資訊。

美國二〇二〇年大選落幕後，主張「基本收入制」的臺裔參選人楊安澤，選後在他的YouTube頻道專訪新聞製作人雅里安娜・佩克里（Ariana Pekary）。佩克里聲稱，她任職MSNBC期間，正值民主黨初選，製作單位有一張參選人黑名單，規定不得邀請他們連線或上節目，楊安澤也在其中。

佩克里的公開爆料，在社群媒體迴響熱烈。大選前，忍無可忍的佩克里就已離開MSNBC，她在部落格慨嘆，身邊同事都是聰明優秀的新聞人，但在糟糕環境下，每天都被迫做出糟糕決定。她批評，「收視率」決定了新聞話題、決定了曝光來賓，而且，電視人常以「大家都這樣做」自我說服；一名製作人甚至不承認自己是新聞工作者，宣稱「觀衆看新聞只是尋求心理慰藉」。

另一名電視臺資深同事向佩克里告解：「我們是一種癌症，而且無藥可治；如果你發明了解藥，就能改變世界」。這種「絕症感」主宰了新聞事業，佩克里的文章在媒體圈引發巨大迴響，但是，多數人只是被動等待解藥。佩克里痛心「即使在新冠病毒爆發之際，節目製作人只想聚焦在政治效應，而非積極追求防疫救人之道」，因爲，與其提供枯燥詳實的科學論據，攻擊政治人物的收視率更高。

這也是科技演進的連帶效果，當數位媒體快速茁壯，傳統媒體爲了掙扎求生，煽色新聞是不敗捷徑，「政治則是另一種娛樂八卦」；生存競賽加劇了媒體立場黨派化，無論出自老闆的政治利益，或出自收視點閱的市場考量，小媒體掙扎，大媒體墮落，最終導致社會分裂，摧毀專業信任。

二〇二〇年三月，愛德曼公關集團針對十個國家、一萬名民衆進行調查，受訪者最信任的消息來源，第一名是科學專業人士（八十三％）、第三名是疾管局官員；最後一名是新聞記者（四十三％）、倒數第三名是政府官僚。同一份調查裡，八十五％受訪者希望多讓科學專業人士講話，政治人物盡量少開口。

這些數字用力提醒我們：在全球公衛危機的世紀疫病裡，病毒不認立場、不分黨派，只講科學與證據，新聞媒體應當也是。美國電視新聞在疫情期間的表現，證明媒體工作者一旦黨同伐異，失去嚴謹的報導立場，對於社會整體，都可能造成難以挽回的災難。

未來，當你觀看新聞時，不妨比較各家媒體報導，試著解釋：同一則新聞、同一名報導對象，爲何不同媒體的角度天壤之別？背後是否隱藏哪些商業利益或政治立場？新聞是否提供客觀平衡的資訊？當我們小心翼翼、適度求證，就能避免掉入崔西．里根之類的媒體偏見。

哲斌大叔的 素養概念開箱文

媒體立場

我就讀大學新聞科系時，系上老師常要求我們「比報」，就是攤開幾份報紙，比較同一則新聞：報導角度有何不同、放在頭版或其他版面、篇幅大小、如何下標題，從中就能看出不同媒體的立場，包括黨派立場或商業立場。

如今早已不是報紙主導新聞議題的時代，我們仍能透過「虛擬比報」，比較不同電視臺、新聞網站對於同一則新聞的態度，是否完全不報導、是否刻意以標題誤導讀者、是否夾帶記者主觀意見、是否對關鍵細節語焉不詳、是否對新聞主角抱持惡意或特別包容……當你廣泛比較不同媒體內容，經常能看出新聞背後隱藏的利益與偏見。

不只新聞版面，就連評論版面，也有立場之爭，我寫過一篇〈主筆室之亂：一條瀕危的媒體中立線〉，詳述《紐約時報》評論版主編為何因一篇投書下臺，可以掃描條碼閱讀。

主筆室之亂

奴隸與傭兵的故事

每年春天，「普立茲獎」一詞常出現在新聞報導裡，對於一般讀者，它的名氣遠不如奧斯卡或諾貝爾。然而，當我們閱讀普立茲獎的眞實故事，其中兩個截然不同的奮鬥人生，不但充滿歷史啓發性，也象徵當下新聞媒體機會與挑戰。

首先是一八四七年出生的約瑟夫．普立茲（Joseph Pulitzer），他祖父是匈牙利猶太商人，因家道中落，普立茲渡海移民，希望在新大陸尋找機會，南北戰爭末期，他加入北軍的「林肯騎兵隊」，當時他連英語都不會。戰後，他身無分文，一度流落街頭，四處打工，勤學英文寫作，開始發表一些零星文章。

聖路易一位報社老闆賞識普立茲，聘用他為記者；三十一歲那年，普立茲擁有第一份報紙《聖路易郵訊報》，身處底層的經驗，讓他尖銳批評時政，標題、版面、文風都大膽創新，迅速躍為當地最受歡迎的報紙。

後來，普立茲買下《紐約世界報》，開創專欄格式及彩色漫畫、主打犯罪及災難醜聞，帶動報份飆漲四十倍，銷量曾破百萬，成為美國最暢銷的報紙。在此同時，他運用媒體影響力，募款籌建自由女神像，讓他攀上聲望高峰。當時，普立茲完全沒料到，他會掉入一場事業苦戰。

一八九五年，後起之秀赫斯特（William Randolph Hearst）收購競爭對手《紐約日報》，完全模仿《世界報》風格，而且更聳動、更浮誇、更灑狗血。眼看報份銷量此消彼長，普立茲決定正面迎戰，雙方競相以煽腥新聞刺激報份。

這是新聞史上的「黃色新聞戰爭」，最知名事件是，《紐約日報》利用美國軍艦在古巴港口的爆炸意外，一口咬定是西班牙動手腳，每天轟炸挑釁仇恨的標題，不斷升高國內民衆情緒，迫使美國總統向西班牙宣戰。

這段故事太富戲劇性，四十年後，年輕導演奧森．威爾斯（Orson Welles）自編自導自演影史經典《大國民》，就以赫斯特與普立茲爲人物背景，描繪那場血腥報業割喉戰。

這場高壓競爭，也讓普立茲幾近失明，同時染上抑鬱症，他逐漸退至幕後，身後捐贈鉅資成立哥倫比亞大學新聞學院，進而創設普立茲獎，成爲美式新聞專業的最高榮譽。

艾妲．威爾斯（Ida B. Wells）較普立茲年輕十五歲，生在一個南方奴隸家庭，還在襁褓時，因林肯「解放奴隸宣言」而獲自由身。還是十六歲少女的威爾斯，父母與弟弟都罹染黃熱病喪生，她挑起家計，擔任小學教師，並積極鼓吹女權。有次搭火車，車長要她讓出座位，移往吸菸車廂，威爾斯拒絕，被強行趕下車，她憤而發表文章並控告鐵路公司，在非裔社區廣受尊重。

就像普立茲，邁入三十歲那年，威爾斯的人生永恆改變。曼斐斯一家雜貨店的非裔老闆及員工，捲入一起社區種族糾紛，先被羅織逮捕入獄，白人極端主義者隨後糾眾尋仇，趁夜將老闆及員工三人強押野外，以私刑殺害。威爾斯深感憤怒，開始調查美國南方的種族私刑陋習。

威爾斯花了幾個月，穿越南部各州，蒐集私刑案例及官方記錄，並深入鄉野採訪調查。她兼具非裔及女性雙重弱勢身分，在保守民風下行動極其艱鉅危險。她接連出版兩本紀實報導小冊，剖析黑奴解放以來，南方種族衝突如何混合商業競爭與刑事冤獄，讓私刑風氣如惡火蔓延。在此同時，威爾斯開創早期的調查報導技巧，大量收集資料、從實際案例歸納出模式、結合統計數據與大篇幅圖表，此外，她兩度前往英國巡迴演講，譴責美國執法體系放任私刑氾濫。

她勇敢投身揭發，卻遭美國媒體惡毒攻擊，《紐約時報》曾罵她是「卑鄙、齷齪的混血兒」（她的祖父是白人）。然而，威爾斯透過採訪報導，積極批評私刑議題，雖未能如願通過反私刑法案，她也因暴力攻擊及生命威脅，不得不離開家鄉，前往芝加哥，但她的報導工作，爲黑人民權運動打下論述基礎。

離開南方家鄉後，威爾斯在芝加哥定居、結婚，丈夫跟她一樣，兼具新聞記者與人權運動者的雙重身分。她參與創辦有色人種民權組織NAACP，卻因性別歧視，被排除在發起人名單之外。威爾斯去世後，既不像普立茲留下驚人財富，名字也未被廣泛記憶。

二〇一八年婦女節，《紐約時報》自省過去一個半世紀，該報訃聞版「被白人男性盤據」，特地推出訃聞專題，紀念那些被時代遺漏的邊緣女性，名列首位的，就是曾被該報斥爲「卑鄙齷齪」的威爾斯。

二〇二〇年五月，普立茲獎因疫情衝擊，改爲線上頒獎典禮，威爾斯獲頒「特別褒揚獎」，表彰她對調查性新聞的探索成就，以及身處壓迫環境的報導勇氣。這兩位活躍年代相近的新聞拓荒者，終於出現多重意義的時空交會。他們的故事放在今天，像是一面歷史鏡子，映照出幾層倒影：

一、惡性新聞競爭並非始自今日，幾乎與現代報業同壽，相似點都是市占率、營收的致命誘惑。差異在於，報紙發行量的競爭，已化整為零，轉為點閱流量的競爭，無論何者，讀者行為都是左右市場風向的關鍵因素。

二、時勢造英雄，無論是普立茲、赫斯特，或深諳黃色新聞精髓的黎智英，或曾以社會新聞炒高報份的《聯合報》創辦人王惕吾、《中國時報》創辦人余紀忠，他們都憑藉才智與眼光，抓住時代機遇，打下傳媒帝國江山。

時勢如潮，漲落無情，《世界報》於一九三一年易手後停刊，《紐約日報》歷經衰微合併，一九六六年劃下句點。曾經弄潮臺灣的壹傳媒、歷經轉手爭議不斷的中時集團，如今各自點滴冷暖。

三、英雌經常逆反時勢而起，無論是重挫石油大亨的伊達．塔貝爾（Ida

Tarbell），或挑戰白人私刑暴力的伊達．威爾斯，都以無比勇氣及毅力，透過調查報導展現記者最好的一面，展現新聞媒體如何追求社會公義，而非創造報團老闆財富。即使，她們無法快速收割名利，甚至必須忍受寂寞誤解，她們的筆鋒，卻爲一個更好的世界沈積能量。

四、時勢也如長河曲折蜿蜒，出人意表。兩家紐約大報酣戰之際，《紐約時報》是份虧損嚴重、發行量不足一萬的小型報紙，接手的奧克斯家族銳意改革，在頭版打出「本報新聞都適合刊印」的著名標語，與兩家黃色新聞報紙做出區隔，此後緩慢站穩腳步，至今持續在數位時代衝浪。

普立茲獎執行長卡內迪（Dana Canedy）在二〇二〇年的頒獎聲明提到，普立茲獎創辦隔年，正好是西班牙流感大流行，此後歷經二次世界大戰、經濟大蕭條、馬丁路德金與甘迺迪總統遇刺事件等等，攤開歷年得獎作品，幾乎就是目擊世界的史冊初稿。

那一年，普立茲頒獎典禮後不到一個月，美國捲起種族抗爭浪潮，延燒多日未歇，凸顯威爾斯當年的憤怒志業，歷經百年轉折，仍待解開複雜繩結。

歷史經常輪迴，新聞反覆淘洗。時局越是艱難危困，正直勇氣益顯難能可貴，新聞媒體如何回應時代巨響，一百年後的書寫者如何評價當下新聞人，回顧威爾斯與普立茲的生命足跡，仍有新鮮啓示。

社會責任

回顧歷史，經常讓我們理解當下。現代新聞媒體的成型，往往在一系列人物的探索實踐中，逐漸點滴累積。例如，一九七四年美國大法官波特．斯圖爾特（Potter Stewart）提出「第四權」概念，主張新聞機構獨立於行政、立法、司法三權之外，在民主社會擔任監督角色。

有權力就有責任，相對的，新聞媒體也被認為必須擔負「社會責任」，包括提供正確的公共資訊、扮演議題溝通平臺、發掘社會問題、預防政府或企業權力濫用等。換言之，新聞媒體與一般企業不同之處，就是享有一些特殊權利（例如進入特定機構或管制場合、減免部分稅賦），在此同時，媒體不能以自身盈利為首要目標，必須對公眾負有倫理責任。

若想看更多新聞記者的故事，以及相關倫理責任，可以閱讀這篇〈新聞記者的五道陰影〉。

新聞記者的
五道陰影

砸在報紙上的爛番茄

網路普及後，新聞媒體出現天翻地覆的改變。其中，「電影評論」是很具代表性的例子，誰也沒想到，三名熱愛功夫電影的大學生，有天會取代歷史悠久的報紙影評，建立一套好萊塢的產業標竿。

曾經，「影評人」是一種稀有階級，他們參加首映會、獲邀觀賞試片，他們的文章盤據週末報紙版面，字字如錘，幾乎等於電影票房的判決書；有時，他們甚至引路開啓一個時代，從法國新浪潮，到一九八〇年代臺灣新電影，都能看見影評人的推手。

網路出現後，大幅扭轉電影評論的生態，其中，二〇一三年去世的羅勃・艾伯特（Roger Ebert），既是傳奇影評人，也是這場數位風暴的核心人物。

一九六七年，艾伯特二十五歲時，放棄博士學位，出任《芝加哥太陽報》社內影評人，直到過世前，四十六年間寫了一萬多篇電影文章。他不但是第一個獲頒普立茲獎的影評人，也是第一個在好萊塢星光大道留下手印的影評人。更具意義的是，他一路從報紙、電視，轉進到網路，見證了影評行業的變遷。

在報紙專欄上，艾伯特的電影文章淺顯易讀，由個人觀影角度與生命經驗出發，直白寫他的褒貶愛恨，並加上「四星級」的評鑑系統，最高四顆，最低半顆，成爲觀影重要指標。透過通訊社授權，他的文章與評等，曾印刷在兩百多份報紙上。

隨著電視時代崛起，一九七五年，芝加哥公共電視臺開闢每週半小時節目，由艾伯特與一名搭檔介紹最新院線電影，兩名主持人除了提出觀點、辯論好壞，同時開創鮮明強烈的「按讚/倒讚」評價制度，如果兩人同時豎起大拇指推薦，幾乎等同票房保證，那年代，電影海報常印有「Two Thumbs Up」字樣，意味獲得艾伯特與搭檔的雙重背書。

由於節目大受歡迎，幾年後，他們被挖角到迪士尼旗下的電視頻道，定名爲「At The Movies」，雖然搭檔主持人幾經更迭，艾伯特不動如山，躍爲全美知名度最高的影評人。

身爲《芝加哥太陽報》招牌作者，又是當紅電視節目主持人，當電腦時代來臨，艾伯特絲毫不曾掉以輕心，立即轉身投入數位洪流，申請當時稀有的網路帳號。一九八九年，他參加坎城影展時，就開風氣之先，扛著小型行李箱大小，裡頭是重達六、七公斤的隨身電腦，只爲了比別人更快發稿。

一九九〇年代初期，艾伯特要求報社在官網開設影評專區，讓自己與網友討論互動；隨後幾年，艾伯特將他的電影年鑑出版爲光碟，後來又獨立創設個人網站。

不只如此，他還是活躍的部落客，甚至被認為匿名在維基百科撰寫電影條目。

當年，電影公司一度只認媒體品牌，排除部落客參與試片，艾伯特跳出來為他們發聲，要求電影片商為部落客舉辦試映，強調「他們是電影評論的未來」。艾伯特的洞見並沒有錯，電影評論的未來樣貌，甚至超出他的想像。

一九九〇年，英國影迷開啓名為「明晫」的網路群組，交流張貼心儀女星的個人資料，隨著網友自發書寫、評分，迅速演變成巨大的「網際網路電影資料庫」；八年後，亞馬遜買下這個簡稱IMDb的電影網站。

一九九八年，三名加州大學柏克萊分校的亞裔學生，將自己對功夫電影的熱愛，灌注在名為「爛番茄」的網站上，他們大量蒐羅專業媒體與網路評價，好評以鮮紅番茄標示，負評則是一坨綠色爛番茄，聚合為一項「爛番茄新鮮指數」。

如今，IMDb及爛番茄已取代艾伯特，取代《紐約時報》、《洛杉磯時報》的影評版面，成為好萊塢片商既敬又畏、既愛又恨的新興媒體。

尤其爛番茄指數，成為左右電影票房的強大勢力，根據二〇一七年的調查，全美三十六％的電影觀衆買票前，都先上爛番茄查評價，此一數據年年攀升，二〇一八年已提高為五〇％，且八成二表示，正面評價讓他更想買票觀影；三分之二承認，負評會驅使他避開該片。

此外，爛番茄網友的年齡層，半數為二十五到四十四歲，這些習慣網路生態的消費中堅階層，就像TripAdvisor之於旅館飯店、Google評論之於餐廳美食，「上網先查評價」已是反射性行為；尤其，斗大的用戶星等，成為最直觀、最強烈的勸敗指標。

艾伯特時代的「四星制」，只是他論述電影好壞的配角，主角仍是他的評論文字。然而，在網路評分時代，數字本身幾乎等同於電影品質，爛番茄正面評價超過七十五％的電影，網頁上會獲頒「認證新鮮標章」，就是強大的催票保證；正面評價低於五十九％的綠色爛番茄標示，往往成為票房負指標。

如今，電影海報或預告影片上，不需花花綠綠的影評摘句，往往一句「爛番茄新鮮度超過八〇%」，就等於百萬行銷預算。因為如此，電影公司發展出因應策略，例如，先針對比較友好、喜歡特定類型電影的影評人或YouTuber，開關優先試映場次，讓他們張貼正面的帶風向文章，創造較高的爛番茄指數及首週票房。

另一種極端做法是，刻意延後媒體試映時間，與院線上片日期越接近越好，讓負評來不及在網路上發酵，至少搶得第一個週末的影廳人氣。

當評論戰場轉換到網路上，報紙影評的鉛字重量，已被爛番茄網頁的輕盈數字取代，率先傷亡的是職業影評人。好萊塢最重要的產業媒體《綜藝報》，陸續裁減資深影評人員額；曾經創造電視影評風潮的「At The Movies」，在艾伯特因病退出後，幾經更換主持人，也在二〇一〇年宣告收播。

至於艾伯特發跡的《芝加哥太陽報》，隨著報業景氣起落，幾度被轉賣，一度改走八卦狗血路線，雖能刺激零售報份，卻引來大量訂戶退報抗議。

另一頭，超過二十歲的爛番茄不斷壯大，身價水漲船高，納入電信巨頭康卡斯特旗下的NBC環球集團，直屬於電影訂票網站Fandango，靠著出售「爛番茄新鮮指數」給蘋果、谷歌等數位平臺，作爲主要營收來源。

這場「大衆意見與專業話語的爭鬥」，見證了數位浪潮下的殘酷現實。《綜藝報》總編輯蓋多斯（Steven Gaydos）曾說，以前，大家愛看影評人精采而針鋒相對的紙上辯論，如今「我們只看圖案是綠番茄或紅番茄，我們失去了『人味』」。

這正是爛番茄的當代啓示，網路消融了舊式權威，取而代之是一種複雜、流動、難以理解的集體權威，我們經常從中獲取新鮮養分，共享評價權力，一併接收伴隨而來的各種副作用。

不只如此，數位時代還在持續演化，「資訊中介」的角色也不斷改變。當艾伯特遠去，爛番茄成爲大衆依賴的資訊來源，我們觀看電影的場所，也從充滿爆米花氣味的電影院，轉爲Netflix與YouTube的隨選即播。網路不只改變影評，也改變了「看電影」的定義。

數位轉型

「數位轉型」是新聞產業的熱門話題，電影評論只是個具體而微的例子。事實上，無論是電視、報紙、雜紙或廣播，無不努力尋找網路世界的出口，希望過渡轉移到下一世代。

我曾比喻，就像汽車產業，逐漸從傳統汽油車轉型為電動車，我們正處於「新聞資訊的油電混合期」，未來所有媒體都是數位媒體，我們現在習見的紙本報刊或電視，一、二十年後還可能存在，但會像DVD等舊型儲存工具，慢慢成為少數、特殊的分衆媒體。

我寫過一篇〈新聞媒體的下一個十年〉，試圖描繪媒體數位轉型的脈絡，以及未來挑戰。

新聞媒體的
下一個十年

自己的新聞自己救

一個老牌電視節目，一名程式設計師，透露哪些愛恨交織的新聞生態？

迪恩．普特尼（Dean Putney）是美國西雅圖的軟體工程師，創辦一家名為Glowforge的3D雷射印表機公司，趕上自造者風潮，獲得不少好評。普特尼與媒體產業毫無關係，但很在意資訊消費的品質。二〇二〇年八月，他作了一件不起眼小事：將個人推特帳號改名為「PBS新聞時刻粉絲帳號」，任何人看完一小時「新聞時刻」，然後在他的推特留言，普特尼就會捐款十美元給該節目。

「新聞時刻」是美國公共電視PBS招牌節目之一，開播於一九七五年，每天晚間黃金時段播出一小時，內容包括當天重大新聞、深度報導及新聞分析。普特尼在個人網誌寫了一篇文章，詳述推薦「新聞時刻」的理由，大致濃縮如下：

一、理解時事很重要，但是新聞報導的節奏越來越快，除非投入大量時間精力，否則很難充分消化每天重要事件。而且，二十四小時電視新聞、爆炸成長的新聞網站中，充斥太多意見、太少事實，且背後常有利益操縱，種種現象強迫他思考：如何找到可信、有效率、健康的「資訊攝食」？

二、經過幾年嘗試，他建立一個私人清單，其中，他認爲「新聞時刻」是首選，一因該節目易得性高，除了傳統電視管道，YouTube官方頻道有直播、完整節目及隨選片段，全部免費；二因新聞選材及編輯嚴謹，豐富多元，讓他覺得「自己的寶貴時間被尊重」。

三、金流及利益結構清楚，節目資金來自捐贈、贊助，沒有隱藏利益或置入收買；不像部分網路新媒體，資金、消息來源及編輯立場都不透明。

四、「新聞時刻」是個歷史悠久的節目，有著明晰、公開的編輯準則，他認同這些準則，且讓他在日常收視過程中，具體驗證它們不是空話。

普特尼提到的編輯準則，包含以下十條：

1. 不要做出任何無法自圓其說的新聞；
2. 報導、撰寫新聞時必須設身處地，假設自己是新聞主角；
3. 假設每則新聞至少有另一種立場或版本；
4. 假設觀衆跟我們一樣精明、體貼、善良；
5. 假設所有報導對象都一視同仁；
6. 假設個人生活都是隱私，除非新聞發展足以推翻此一前提；
7. 仔細區隔純粹新聞與意見、分析，並清楚標示它們；
8. 不要使用匿名消息來源，除非是極其罕見的重要特例；

9. 不要引用匿名受訪者的人身攻擊；

10. 最後，我們不是娛樂事業。

這十條都不難理解，卻是對當下嘈亂新聞環境的平衡與反制，這正是打動普特尼的關鍵，他認爲，許多電視新聞故意讓觀衆產生憤怒或迷惑反應，藉此提高收視率；反之，新聞時刻的報導冷靜、充滿同理心，相信人性良善，而非挑動負面情緒。

普特尼是個普通人，以一己之力，誠意闡述動機與理由，發起一項迴響不算巨大的媒體行動；然而，這正是最可貴之處。

包括我在內，多數人不滿當前的資訊環境，經常批評媒體煽情誇大或扭曲事實、抱怨社群平臺獎勵偏激言論、擔心假新聞及假帳號帶風向，侵蝕民主機制與言論空間……。但是，光是斥責新聞媒體，很難改變現實狀況，媒體主管及老闆挨罵久了，耳朵練出厚繭，加上壓倒性的生存焦慮、科技平臺夾縫中的無力感，最終，很難產生變革能量。

尤其在臺灣，早已沒有「一錘定音」這回事，電視、網站、報刊雜誌、社群寫手、網紅網美都在一場資訊亂鬥裡，企圖搶奪注意力與詮釋權。就像普特尼擔心的，其中夾雜太多宣傳及隱藏利益，二〇二〇年的「博恩置入事件」就是例證，雨後春筍般的新聞網站或社群網紅，通常未揭露幕後金主、營運結構、利益宣告，甚至連「關於我們」、站長資歷都付之闕如，往往一張粗糙的聳動迷因圖、一個不負責任的陰謀論，就能賺取成千上萬的點閱及分享。

並非所有新媒體或自媒體，都有投機詐騙心態。無論臉書、YouTube或公視PeoPo等平臺，都有不少嚴肅彙整時事、提供詮釋，甚至親身採訪的個人與團體，他們大多具備以下特徵：

一、揭示真實姓名或身分，或足供查證的利益關係人，包括股東及經營人；

二、誠實揭露利益關係，是否接受資助、置入、餽贈招待、廣告邀約，是否與特定企業或政治組織有任何關聯；

三、標註內容是原創或引用，提供轉述事件的可信來源，清楚區隔事實與個人詮釋、臆測、分析。

數位資訊時代，唯有「由下而上」的匯流力量，才能扭轉當下的資訊亂鬥生態。我因而不時倡議「資訊履歷溯源」、「建立信任名單」，無論中學生或上班族，越多人像普特尼一樣，認眞追求一個「可信、有效率、健康的資訊攝食」，並積極分享自己的推薦理由，試圖影響其他人，就可能藉由集體力量，建構一個較好的新聞生態。

無獨有偶，香港中文大學新聞傳播助理教授方可成，近年大力提倡「媒體食譜」，呼籲每個人建立資訊攝取清單，避開品質參差不齊的網路雜訊，強調「讀什麼，你就是什麼」。他也不時邀請各行各業的專業人士，分享自己的媒體食譜。

媒體食譜、資訊攝食、資訊履歷溯源，其實都是同一概念——「自己的新聞自己救」。就像普特尼，藉由資訊溯源→訂立標準→排除可疑來源→開列清單→行動支持→推薦擴散，建立一套個人鑑別系統，優先閱讀可信清單的資訊來源，支持值得肯定的專業媒體或個人。而遇見清單外的網路訊息，必須先存疑，進行基本查證，搜尋該來源的背景資料、過往內容可信度、是否有其他信任來源報導等；若無確實證據，則暫時放進觀察名單，拒絕協助擴散，或提供查核組織深入查證。

無論愛恨，現代公民很難脫離新聞資訊，臺灣網路資訊中心二〇一九年調查報告顯示，「新聞資訊」是上網行爲的第二大需求，約九成網民會瀏覽新聞，比例僅次於「即時通訊」；同一報告提及，桌機或筆電流量最大的十五個網站中，五個是新聞媒體，更別提名列前茅的雅虎、臉書及Line，都是新聞消費的主要管道。

這正是「媒體識讀」的積極意義，與其期待新聞環境一夜長大，不如從自己做起。就像「餐桌改變產地」，當社會群體改變資訊消費習慣，自然提供正面誘因，鼓勵專業生產者放棄慣行邏輯、驅動更多個人或團體投入製作負責任的內容。

當我們關心自己的媒體飲食習慣，就像關心晚餐是否殘留農藥、重金屬、化學添加物，或許，我們不只改變自己，也正在改變新聞滋長的土壤。

哲斌大叔的素養概念開箱文

媒體識讀

就像普特尼，「媒體識讀」的第一步是認知問題，第二步是闡明問題，第三步是解決問題，「行動」是不可或缺的一步。

我的行動與倡議是：一、長期徵求「我的媒體書籤」，讓讀者提供自己的可信來源清單，並附上推薦理由，無論是專業媒體、個人部落格、臉書專頁、YouTube頻道……都可以，我會不定期公布。二、倡議創建一個「新聞推薦平臺」，讓媒體書籤的概念，擴大為每日新聞推薦。

你可以效法普特尼，列出合適的行動方案，也歡迎你與老師、同學討論自己的「媒體書籤」，更歡迎將你們的推薦清單寄給我：puppydad@hey.com。目前已有一些書籤案例，請參考文末條碼。

「媒體書籤」文章

不可不知
App防身術
社群平臺與社群文化

引言

不可不知App防身術：社群平臺與社群文化

二〇二二年初，二十歲YouTuber提摩西．魏克斯（Timothy Wilks），因為拍攝惡搞影片而喪生。

當時，他與友人前往美國田納西州一處商場停車場，假扮持刀搶匪，隨機攔截路人佯裝搶劫，他的朋友跟在旁邊，拍下對方驚恐反應。原本期望影片一砲而紅，沒想到其中一名「被害人」拔槍反擊，魏克斯傷重不治。

近年，不時傳出類似烏龍悲劇，出發點只是搞笑或吸引注意，不料代價慘痛。美國一對網紅情侶想證明「子彈無法貫穿百科全書」，二十二歲青年拿著厚厚的精裝書，擋在胸前，要求女友拿手槍對他開槍，在鏡頭前當場身亡。

一方面，社群網站帶來無限機會，讓素人找到億萬雙眼睛的表演舞臺。小賈斯汀、紅髮艾德、卡莉蕾、詹姆斯貝都靠著YouTube爆紅，創作者不必依賴唱片公司或經紀人栽培，直接面對聽眾耳朵，憑藉才華與實力，取得進入演藝圈的快速通關門票。

社群網站也帶來全新風險，不只文章開頭的例子，也不只YouTube，有時候，當我們太在意「被看見」、「被喜愛」、「被肯定」，就會出現各種副作用。

例如，有個新名詞「FOMO」，是「落伍焦慮（fear of missing out）」的縮寫，意指擔心錯失社群網路上的人際訊息，在同儕間顯得無知，所以我們緊緊追著手機螢幕的訊息流，唯恐漏失最酷、最夯、最Chill的話題，唯恐自己被孤立。

二〇一七年，英國皇家公共衛生學會針對一千五百名年輕族群（十四到二十四歲），進行不同社群平臺與心理健康關聯度的調查，結果發現，Instagram對身心健康的影響最負面，影像營造的假象、炫耀及比較心理，容易造成用戶的焦慮與失落感，甚至形成網路霸凌。

如何面對社群時代的陽光面與陰暗面？如何滿足創作欲望、社交需求、心靈療癒等不同層面，同時避開線上騷擾、人氣焦慮、注意力掠奪等社群網站症候群？我們又該如何看待「迷因」、「網紅」等次文化現象？

本篇挑選六篇文章，以YouTube、Instagram、TikTok等熱門應用為例，讓我們聰明區辨社群世界的美好與危機。

愛與死與IG網紅

我有一個Instagram帳號，二〇一〇年下載時，它還是個可愛小程式，如今已長大為用戶逾十億、身價千億美元的社交巨塔。對了，年輕朋友曾告誡我，要簡稱IG，才不會顯得老氣。

我很少貼照片，大多拿來關注親友動態，我在IG上，看著他們去了西班牙或日本，吃著龍蝦或高檔壽司；或者，他們開心參加小孩的畢業典禮，或者，他們週末在家看電視配爆米花……我快速滑過這些照片，彷彿不曾錯過他們的人生。

這樣的影像社群App，似乎友善無害，讓人放心。除非你注意到，Instagram官方曾推出一系列反霸凌功能，例如，以人工智慧偵測惡意文字，自動提醒用戶謹愼留言，或推出「限制」功能，讓用戶隱藏酸民留言，不讓其他人看見，避免傳播霸凌言論。

濫用IG會造成哪些問題？身爲Instagram 1.0的初代用戶，在我眼中，它有三大副作用，三者之間環環相扣：

一、自戀文化：

不，絕大多數IG用戶並不自戀，他們單純分享生活碎片，既向朋友宣告動態，也供自己未來回憶。然而，社群網站的設計，那些愛心數、跟隨人數與留言熱度，孕育數位時代的名人現象，或我們俗稱的「網紅」，進而創造一種脫離現實的名氣追逐。

Instagram上線之初，原本倡導素人攝影，鼓勵用戶記錄「你看到的世界」；然而，網路自有生命與想法，幾年下來，IG主流文化變為「以你為核心的世界」，擺拍、設計場景、美肌、非寫實濾鏡，設法拍出雜誌封面的人物質感，將自己拼貼在讓人豔羨的場景裡。

於是，網紅們四處尋找無敵海景、值得打卡的店家、適合入鏡的牆面，自我鑲嵌其中，希望吸引陌生追蹤者；直到有天，龐大粉絲讓自己躋身網路名流，同時藉此營利。美國網路行銷圈的行情，IG用戶只要超過十萬粉絲，一則置入行銷貼文就有五千美元價碼。

網紅撐起一個產業，我們有了網美牆、網美燈、網美咖啡館、藍芽自拍棒、假牆面壁紙、各種美顏軟體……甚至有種App，告訴你附近有哪些超好拍的網紅景點。大多時候，網紅文化只要不涉及欺瞞，爭議或危害就有限；然而，這種「活在App裡」的生活樣式，有時衍生各種擦槍走火。

例如，美國亞利桑那州一處峽谷岩洞，入鏡彷彿絕美異境，於是，四千人小鎮每年湧入八百萬名遊客，網紅與準網紅爭相到此一遊，留下大同小異的IG網美照。幾年前，描繪車諾比核災的HBO影集《核爆家園》大受好評，讓此一荒廢災區瞬成Instagram熱門景點，編劇不得不出面呼籲，遊客自拍時，應避免嬉鬧心態，尊重當地的歷史悲劇（若你想起，臺東池上的金城武樹、花蓮六十石山被踩壞的金針花田，或許會覺得不陌生）。

IG網紅有時追逐虛無，有時被虛無追逐。德國有對年輕夫婦，經常張貼他們四處旅遊的自拍美照，擁有四萬多名追隨者，有次，他們在募資平臺籌措一萬歐元（約新臺幣三十四萬元），要求網友贊助他們到非洲旅行，「開拓心靈與視野」，並承諾沿途拍照分享。

當網友留言質疑，他們爲何不自己打工存錢，這對夫婦不諱言無意上班，他們過去的旅費，大多來自母親兼兩份差事的資助，但老人家已無力負擔，因此上網集資。網友聞言暴怒群攻，批評他們自戀、啃老、不負責任，有人留言寧可贊助他們的母親，讓她好好去度假。結果，這對IG網紅只吸引幾百歐元的贊助。

二、相對剝奪：

追逐名氣與自戀拼貼，並不是Instagram最糟的一面；更糟的是，當照片牆上都是美食旅遊的炫目影像，加上網紅標準配備的遊艇、香檳、泳池、派對，讓多數人生顯得渺小乏味，彷彿生無可戀。

因此，在各種調查評估中，Instagram被認爲是「最有害健康」的社交平臺，尤其對青少年而言，可能引發失眠、焦慮、壓力、抑鬱等情緒症狀；而且，網紅名模的姣好身材、完美妝容，可能導致自卑沮喪，降低自我評價。

英國《衛報》科技主編亞歷·何恩（Alex Hern）曾形容，「如果說，臉書讓每個人都顯得很無趣，推特證明大家都很惡劣，那麼，Instagram就是讓你苦惱每個人都如此完美——除了你之外。」

對此，心理專家有幾個建議：一是，青少年每天使用社交網站應少於一小時，避免超過兩小時；二是，盡可能養成「數位空窗」的習慣，規定自己特定場合絕不用手機（例如睡前及餐桌上），或強迫自己一段時間不上社交網站；三是，只訂閱學習所需或可信任親友的帳號，避免追隨名人或網紅IG，減少眼睛被閃瞎的傷害，尤其，那些華美虛浮的泡泡糖畫面，經常精心擺設，充滿行銷目的。

三、助長霸凌：

最嚴重的IG副作用，當屬霸凌。由於IG具備高度匿名性，很容易設定幽靈帳號，且在學生族群間的滲透性強大，常成為校園流言與霸凌的集散地。霸凌者會針對特定對象，開設假帳號，不斷張貼惡毒圖文，包括對方的醜照、小團體的毒舌私訊、謠言中傷等。

此外，Instagram常遭質疑助長青少年自戕，國外曾出現多起案例，引發輿論爭議；檯面下，還有更多欺凌默默發生。美國皮尤研究中心曾調查，七成二的美國青少年擁有IG帳號，五成九曾遭受網路霸凌；英國一非營利機構調查則發現，四成二青少年曾在IG上受到霸凌。

回到臺灣，兒福聯盟二〇一九年針對十一到十四歲兒少的調查，在一千五百份有效問卷中，八成七受訪者使用社群媒體，平均擁有三點八個帳號。其中，近七成曾目睹色情暴力內容，一成五曾遭騷擾或攻擊。

「社群媒體與霸凌」，是數位時代敏感微妙的議題，在各方壓力下，Instagram終於承認霸凌現象嚴重，承諾努力解決此一問題。

除此之外，各國政府分頭研議，如何降低這頭社群野獸的殺傷力。英國政府曾倡議立法，臉書及Instagram應該關閉未成年用戶的「讚」或「愛心鈕」，一方面避免科技平臺藉此收集青少年的好惡態度，藉以保護隱私，另一方面避免誘導他們

「衝讚」或「洗愛心數」，進而社交成癮，迎合他人，甚至相互比較，形成壓力。

還有一項有趣提議，來自英國倫敦政經學院的研究，他們深度訪談一百多名中學生，發現青少年並不清楚社群媒體如何掌控個人隱私，這些年輕用戶因而呼籲，希望社交平臺提供「砍掉重來」的功能，讓他們屆滿十八歲之際，能一鍵清除所有個資、貼文與回應，避免留下日後悔恨的圖文。

此外，英國教育部擬定教案，從「人際關係、公民意識、電腦科技」三管齊下，讓學校教導孩童網路安全，如何保護隱私、避免傷害。

另一項來自丹麥的倡議則是，追蹤者超過一定數量的IG網紅，必須比照新聞媒體，擔負言論責任。該國兒童暨教育部長認爲，當IG用戶擁有十萬名粉絲，形同掌握類似傳統媒體的影響力，政府應推動立法，要求網紅比照媒體倫理規章，例如不得鼓吹自殺等，否則將強制刪除貼文。

Instagram雖有副作用，但也帶來無窮樂趣。時至今日，我每天會點開IG，瀏覽那些遙遠人生，以及久未謀面的親人同學；有位親戚女兒，為她的鬆獅犬「東東」開了帳號，牠在客廳奔跑的傻氣模樣，給我許多喜悅慰藉。

多數情況下，**Instagram**只是一面鏡子，我們得以看見自己，看見我們眼中的大千世界；然而，最壞情況下，它是扭曲時空的情緒粒子加速器，放肆長出一個更糟的自己，一個偏執、脆弱、虛榮、驕傲，或缺乏自信的自己。

如何看待這些鏡中自我，如何與真實虛幻之間的世界相處，**IG**是我們這時代的數位魔鏡。

哲斌大叔的

素養概念開箱文

網路社群

「社群」是數位世界最熱門名詞之一，原文community意指「社區」。當網際網路崛起，打破空間與時間等物理限制，人類首度得以低門檻與大量陌生人即時溝通，彼此基於某種共同興趣或目標，多向交換經驗、資訊、意見、創作，形成一個又一個虛擬群體，就是習稱的「網路社群」。

網路社群是線上世界的基礎，也是最美好、最有創造力的元素，Instagram就是明顯例證，因為社群交流的動力，我們上傳照片、分享生活點滴。在此同時，網路社群也會帶來陰暗面，就像本文提到的自戀與霸凌。

因此，如何深刻理解社群文化，享受溝通交流的美好經驗，同時避免負面效應，將是我們的重要功課。很早投入網路社群研究的心理學家雪莉．特克（Sherry Turkle），在一場TED演講中，分享數位工具與社群行為如何改變人類日常生活，讓我們「在一起孤獨」（這也是她的作品書名）。

雪莉．特克的
TED演講

假如你是百萬YouTuber

我的兩個兒子都熱愛棒球，尤其讀國三的老大，他對職棒如數家珍，每一守備位置、每一名球星的打擊率或自責分率，誰在傷兵名單、誰可能是新人王……只要打開話匣，他能滔滔不絕兩小時。每天，我必須擔任唯一聽衆，聽他發表個人球評，而且無論如何，我都不准「轉臺」。

有次，我靈光閃現，鼓勵他開一個YouTube頻道，分享他對棒球的看法，一方面，他能透過網路，認識同等熱情的球迷，無私交換棒球知識；另一方面，向來害羞的他，可以隔著螢幕，練習社交技巧，或許，還能結交一群志趣相投的朋友。

當然，我還會是他的「忠實聽衆」，只不過，不一定面對面，而是透過手機App。

這似乎是個好主意，畢竟，他們兩兄弟都喜歡上YouTube，尤其愛看電玩類直播主；大兒子班上有個朋友，早已是YouTuber，他們也能交換心得、網上串門子，建立另一次元關係。

不過，開一個社交媒體帳號，就像打開一個神祕盒子。我先探詢他的意願，同時上網做了一點功課。所以，本文可視爲一份入門報告，給立志成爲YouTuber／TikToker／IGer的少男少女參考。

首先，這是個奇妙年代，當我還是國中生，頂多投稿校刊或《國語日報》，然後在家祈求編輯青睞。如今，十三歲以上的青少年，只要監護人同意，就能申請各種社群帳號，擁有直通億萬雙眼睛的入場券，彷彿進入一個無限物理空間的競技場，一個全天候、零時差比試才藝的「網路達人秀」。

這是科技賦予的無限寶石，當你開設社群媒體帳號，從第一個訂閱者、第一則留言開始（通常是家人或同學），就必須學習網路社會錯綜複雜、不成文的生存法則：我該回應陌生人嗎？如何回應？面對讚美如何表達謝意？面對「拇指倒讚」如何自處？更糟的是，如何看待留言區裡的嘲笑、怒罵、酸言酸語？這些負面攻訐，如果被學校同學看見，會不會在班上流傳，變成竊笑的題材？

還有，如果對方是私訊呢？萬一陌生人表達好感或惡意，或探詢Line等聯絡方式，該怎麼辦？這些都是「課本沒教的事」，卻是網路求生必修課。等一下，我們還沒提到「直播」，這種更即時、親密感更強的互動模式。應該開直播嗎？萬一脫口洩漏無法回收的祕密，怎麼辦？

下列數據提供警訊：NCC根據兒少法成立的網路防護機構iWIN，二〇一八年發布「兒少網路安全行為調查」，約七成兒童及青少年曾使用直播，近一成希望成爲直播主。同一調查顯示，近兩成兒少曾遭陌生網友騷擾，十五％遇過帳號被盜用，近七％曾誤信不實謠言，分居網路風險前三名。

其中，陌生人騷擾是最大威脅。YouTube等社群網站原本就有嚴重的怪叔叔問題，有時充斥不懷好意的「釣魚客」，以假帳號騙取個資或網交詐欺。網路是匿名掠奪者的樂園、假面偷窺狂的後窗。這些問題，也蔓延至當紅短影音軟體「抖音」上。

以iWIN每年受理的近萬件網路申訴案爲例，媒介性交易訊息佔最大宗，高達四一點二％，性暗示內容居次，佔二七點一％，色情猥褻佔八點四％，調查同時顯示，近五成兒少曾遭逢網路騷擾等各式麻煩。

雖然我們不必因噎廢食，不過當你上網，尤其開設社群頻道，必須充分知悉風險，妥善心理建設，萬一遇上不對勁的人事物，記得落實「堅決說不、適時求助」八個字。

險惡世道講完了，還有一種較少被提及、但更加微妙的風險，「萬一，不小心爆紅怎麼辦？」

先說個美國案例，艾瑪．張伯倫（Emma Chamberlain）是一名輟學高中生，她是獨生女，五歲時父母離異，六歲開始常看YouTube影片，從小覺得她的朋友、她的崇拜對象都在螢幕裡。影響所及，無論她換了髮型或情緒低潮，第一件事就是拿手機自拍影片，記錄每一次醜哭心情，自然而然，剪輯影片變成她的興趣。

高二下，她覺得與同學格格不入，父親同意讓她休學，鼓勵她發掘課業以外的熱情，於是，艾瑪決定當一個YouTuber。艾瑪的無厘頭生活、創新的剪輯技巧，讓她的頻道吸引八百萬名訂閱者；她不但成爲網紅，甚至開創一種敘事風格，影響同輩YouTuber。

當昔日同學還是大學新鮮人，艾瑪就嘗到名利雙收的滋味，光是YouTube廣告，每年大約就有十二萬美元，加上LV及青少年服飾代言，估計年收入兩百萬美元。然而，她開明的父母，越來越擔心她的健康狀態。

艾瑪每週上傳一支影片，發想題材、拍攝剪輯都不假手他人，每支影片平均要花二十到三十個小時剪接，爲了製造笑果，她每天盯著螢幕，快轉倒轉、慢動作、加特效，在整個剪輯過程裡，卻很難讓自己開心，她說「頂多笑了十秒」，加上長時間靜坐工作，背痛隨之而來。

而且，網紅間的較勁心機、粉絲指指點點的流言八卦，艾瑪有時覺得，自己掉進原本想逃離的高中校園氛圍。她的母親更擔心，捲動那些網路紛爭的，「不再只是兩個高中女生，而是社群媒體的幾千人」。

她的遭遇是典型網紅症候群，涉入社群媒體之初，起始是純粹樂趣、自我實現的成就感，隨之而來的是點閱、粉絲人數、正負評價的患得患失。很快的，「紅不起來」是種苦惱，「一夕爆紅」是另一種苦惱，後者帶來的讚譽、名氣、收益，剛開始令人狂喜，彷彿全世界都是粉紅色；幾乎同時，尖銳批評與酸言酸語帶來錐心痛苦，誤解、歧見、集體攻訐，終將剩餘樂趣吸搾一空。

有些青少年網紅，再也難以逃離這個崩毀的世界。

另一名十八歲YouTuber漢娜．梅洛奇（Hannah Meloche），十三歲開始上傳影片，兩個YouTube帳號加總有三百萬名粉絲。有次，漢娜私下嘲笑一名粉絲，遭受用戶集體抵制，她除了公開道歉，面對鏡頭公開崩潰，她在片中坦承：「我覺得無法製作自己想要的影片，因爲大家不喜歡我了，人們也不想觀看我的影片。」然後，她泣不成聲，哭訴自己非常在意網友的看法，如今感到迷失、徬徨、不知所措。

漢娜的坦誠告白，在YouTuber之間引發不少共鳴。她後來接受媒體採訪，表示「永遠保持完美，讓所有人都喜愛」實在太難了；又說：「人們恨你，只因爲你想做自己，只因爲你想努力過活。恨意排山倒海而來，大家都忘了，YouTuber也是活生生的人。」

從艾瑪到漢娜，展示青少年YouTuber最好與最糟的可能，她們看似無比成功，卻被隱形的網路關係綑縛，肉體與精神被默默啃食，怎麼辦？

艾瑪的父母不斷提醒她，「隨時保有退出的選擇，不值得賠上健康」，她自己也認爲，「不再需要向其他人證明自己」，無論別人覺得她聰明或愚蠢，她都清楚知道自己是誰。漢娜的粉絲則好意建議，暫時離開YouTube，去尋求心理諮商，或去旅行、去申請大學，「走出YouTube，還有更多人生」。

漢娜聽從這些建議，暫時淡出，安排心理治療，同時減少對手機及社群網站的依賴。

無論你是否喜歡，YouTube等社群媒體，不但提供一個創造力平臺，同時是一個被審美、被評判、被競爭的自我經紀機構，也是一種才藝選美，一種造粉競賽，伴隨著巨大機會、驚人財富與無窮壓力，新聞媒體甚至每年統計「兒童網紅富豪榜」，就像《富比士》的全球富豪榜一樣。

所以，YouTuber的世界絕不只打開鏡頭、按下錄影，剪接並上傳影片，不，案情並沒有這麼單純。不過，身為一個父親，看完這些故事，我還是做好準備，決定鼓勵孩子探索網路自我的可能性，並打算隨時提供建議。

最終，我的大兒子斬釘截鐵拒絕了，他說，還不打算認識陌生人，他只需要我當唯一聽眾。那一刻，我感到惋惜，也有一丁點鬆口氣。

哲斌大叔的素養概念開箱文

兒少安全

網際網路帶來許多全新挑戰，「網路兒少安全」就是其一。美國網路教育機構創辦人蘿莉．蓋茲（Lori Getz）舉例：當父母帶著幼童在公園遊玩，一定會站在他們幾公尺外，避免陌生人騷擾；但她擔憂，很多學齡前兒童就獨自逛 YouTube、看直播主，因而出現各種風險。

臺灣衛生福利部建議家長，必須教導子女「五不一要」：一、不要沉迷網路影響作息；二、不要暴露個人資料；三、不要傳送裸露的視訊及照片；四、不要單獨赴約；五、不要喝別人事先準備好的飲料，及與網友要在公開的場合見面。

除了衛福部與 iWIN，臺灣還有一些非營利組織，特別關注兒童及少年線上安全，像是「兒童福利聯盟」與「臺灣展翅協會」。其中，iWIN 官網設有「網路素養」專區，提供一些網路交友等教戰守則，你可以掃描條碼觀看。

iWIN官網
「網路素養」專區

歡樂抖音使用須知

以下是三名美國青少女的眞實故事：十七歲的費羅扎、十四歲的亞曼達、十八歲的麗茲，她們有何共同點？答案是，她們都是海外版抖音TikTok忠實用戶。然而，她們對於TikTok，卻有著截然不同的複雜情緒。

首先，你很可能聽過費羅扎．阿齊茲（Feroza Aziz）的名字。二〇一九年，她利用TikTok拍攝影片，一邊教學如何夾出漂亮睫毛，一面指控中國政府迫害新疆維吾爾人，影片爆紅後，她的帳號被封鎖、同一手機號碼無法申請新帳號，此事引發軒然大波，TikTok官方聲稱是人爲失誤，但說詞不被當事人接受。

過去幾年裡，香港街頭抗爭、美國非裔抗議警察暴力等事件中，都爆出內容屏蔽或標籤遭刪除等爭議，《華盛頓郵報》等媒體追蹤報導後，TikTok官方都推給程式錯誤，並非刻意審查。

不過，我們可以記住一件事：社群媒體上看到的內容，往往透過演算法過濾，最後才出現在我們的手機螢幕上。TikTok也是如此，加上中國政府嚴格的網路政策，不同國家用戶接觸的內容，寬鬆標準往往不一樣，這一切都藏在不透明的黑箱裡，常被懷疑是言論控制工具。

然而，TikTok也有良善美好的一面，例如亞曼達．迪卡斯楚（Amanda DiCastro），她是佛羅里達一所中學的新鮮人，一開學就加入學校的TikTok社團。藉由歌唱舞蹈，她們努力讓自己的影片有趣、有創意，吸引陌生人注意。

在某些情境下，TikTok確實能促進青少年的創造力與團隊力，亞曼達學校的社團指導老師麥可・卡拉漢（Michael Callahan）原本沒聽過TikTok，但當學生們組成社團、熱情投入拍片創意，卡拉漢也忍不住愛上這個軟體。他告訴《紐約時報》，TikTok吸引不同背景的學生，聚在一起拍攝短片，強化他們的團體感與友愛感，讓學生更重視合作與創意。

不幸的是，凡事常有陰陽兩面。當兒童及青少年成爲TikTok主要用戶，也引來了變態叔叔，不斷傳出霸凌、色情、性騷擾事件，常有成年男性私訊騷擾，做出猥褻表情，或利用「同屏」功能合成自己的影像，製造兩人共舞的假象，再寄給女童，演算法機制更利於心懷不軌的用戶，潛水尋找符合喜好的獵物。

由於TikTok官方並不積極處理騷擾問題，網名麗茲的高中女生，召集一群憤怒少女群起反制，她們私下組成群組，蒐集TikTok上的「噁男名單」，截圖存檔，互通訊息，甚至隔屏釣出騷擾者，當對方知悉女生只有十四歲，照樣傳送色情訊息或不雅照，她們趁機蒐集證據，向站方檢舉。

此事在網路引發眾怒，甚至被知名YouTuber拍成影片，然而，自始至終，TikTok都未回應這群少女的檢舉，也未對騷擾者有任何處置。等到警方介入調查，騷擾者主動刪除帳號，TikTok才被動加以封鎖。

長期以來，美國數位公民團體不斷抨擊TikTok，原因是，TikTok曾被判定未經用戶父母同意，大量蒐集十三歲以下兒童的姓名、電郵、照片等個資，違反兒童線上隱私保護法，除重罰五百七十萬美元，TikTok與政府達成協議，必須刪除兒童的影片與個資，但迄今並未完全遵守。

因此，超過七十名兒童家長提起集體訴訟，向聯邦法院控告TikTok非法蒐集子女個資，包括臉部特徵、地理資料及人際資訊，並將資料送進中國。

事實上，TikTok幾乎不可能放棄兒少這塊大餅，他們二〇一九年公布，美國活躍用戶主要年齡層是十六到二十四歲，高達六成。未達法定年齡的用戶同樣驚人，有一家網路安全軟體公司橫跨美國、英國與西班牙，調查六萬個有四歲到十四歲兒童的家庭，發現美國與英國都有十七％左右兒童使用TikTok，西班牙更高至近四成。

二〇二〇年疫情爆發前，這些兒童平均每天觀看TikTok大約八十分鐘，緊追YouTube的八十五分鐘；疫情爆發的封禁期間，美國兒童平均觀看時間更飆高爲九十五分鐘，與YouTube的九十七分鐘不相上下。

諷刺的是，TikTok自身也運用羶腥的吸睛影像，藉此衝高用戶數，例如在Instagram刊登廣告時，故意選用疑似自殘的流血傷口，或年輕女孩的性感圖片，只要能增加廣告接觸率，即使被檢舉也無所謂。這是TikTok快速成長的暗黑術，據統計，他們是臉書最大廣告客戶之一，光是二〇一八年，他們投放十億美元社群廣告，只爲刺激用戶成長。

靠著極端的吸粉手法，TikTok已累計二十億人次下載，初估IPO市值約一千五百億到一千八百億美元之間，這一切驚人數字，由無數青少年的注意力堆棧累積，背後伴隨另一種隱形代價。

TikTok成爲歐美教育機構與家長團體的熱門話題，除了性騷擾或跟蹤狂、各種高危險挑戰，還有青少年成癮與注意力缺失等隱憂。

《紐約時報雜誌》曾刊出一篇文章，詳細揭露TikTok爲何成功：在用戶還未建立任何社群關係前，就先用大量內容塞滿你的首頁，然後，一旦你開始點閱影片，它運用人工智慧，盡可能吐出類似題材性質的影片，占滿用戶的注意力。因此，TikTok被形容是「最不社交的社交軟體」，相反的，它的母公司自稱是「一家人工智慧公司」，以中央集權的風格遞送內容。

正因如此，TikTok對於青少年具有致命吸引力，歐美不時傳出學校教師抱怨，學生熱衷觀看TikTok，導致網路成癮、注意力不集中。在紐西蘭，發生多起學童爲了追求TikTok成名，翹課自拍影片的案例；在其他國家，不斷出現各種危險的「TikTok大挑戰」，導致學生受傷，迫使校方向家長提出警告。

於是，英美教育機構紛紛製作手冊指南或懶人包，提醒如何引導或保護青少年使用 TikTok，避免網路風險。

截至目前，關於 TikTok 成癮性與專注力影響的研究還不多，雖然，印度 PES 大學有篇論文，分析 TikTok 與學生課業的關聯，大致認為「使用時間越長的學生，傾向成績越低、上課出席情況越差」。不過，TikTok 對於注意力的傷害，還待更多實證研究。

早在二〇一八年底，TikTok 宣稱臺灣的月活躍用戶已達三百萬，平均每日使用三十八分鐘。毫無疑問，TikTok 也是本地年輕族群愛用 App 之一，但是，在歡樂搞笑、輕鬆創意背後，這個短影音平臺不斷引發爭議，同時將「注意力與獎賞機制」磨成以秒為單位的碎片，等於在二十億用戶大腦裡，進行一項大規模人體實驗，無論未來結果如何，都值得我們留心警惕。

專注力中斷

二〇一一年，科技作家尼可拉斯．卡爾（Nicholas Carr）寫了一本暢銷書《網路讓我們變笨？》，引用數十項科學研究，論證人類大腦如何適應不同資訊模式。例如，擅用Google搜尋的網路熟手，「左腦前額葉皮質明顯較網路新手更加活躍」；在一段時間的訓練下，網路新手的大腦該區域也變得發達。

他的結論是，人類大腦神經迴路具有可塑性，如同橡皮筋一樣，能適應環境與工具，一旦重新塑形後，卻可能彈性疲乏，難以回復。作者警告，人類接收資訊的能力雖因網路而大幅增強，但也常遭受干擾、中斷，可能弱化沉思與邏輯推理的能力。

《網路讓我們變笨？》二〇一一年出版時，引發熱烈討論。當年，TikTok還未誕生，書中引用例證是臉書、YouTube等社群媒體。如今，影片長度不到一分鐘的TikTok，會不會讓我們的專注力更加割裂、更加零碎？

最後，文中提到歐美團體給家長或教師的TikTok須知指南，以下兩個條碼，分別來自矽谷的科技素養團體，及兒童線上保護組織。

矽谷科技素養團體的TikTok須知指南

兒童線上保護組織的TikTok須知指南

當網紅統治地球

二〇一八年七月，《紐約時報》刊出一篇有趣的報導，標題是〈不要輕視網紅，他們正在主宰世界〉。文章開頭提出一個設想：有天，「當」我們選出第一位抖音網紅總統，屆時，但願他或她保留幾個內閣職位，給那些沒有社交媒體帳號的傳統官僚。

撰文的科技記者特別強調，他的措辭用字是「當」而不是「如果」，因爲他相信，這一天遲早到來，只是時間問題而已。

若你覺得匪夷所思，不妨看看美國，早就有一位以推特爲白宮布告欄的川普前總統；或看看二〇一九年烏克蘭大選，毫無政治經歷的喜劇演員，憑恃網路人氣，輕鬆擊敗富商當選總統。

若還不夠，回頭看看臺灣，桃園市議員王浩宇、臺北市議員「呱吉」邱威傑，都是網紅出身，幾乎不靠政黨力量，隻身殺入政壇，各自點燃不少話題。

我們活在一個虛實交錯的世界裡，每一天，網路都在逆滲透現實世界，而且，面貌形態不斷演化。曾經，他們的集體名字是網路作家，是部落客，是大V；現在，他們是YouTuber，是Instagramer，是KOL（意爲「網路意見領袖」），統包在一個Influencers的名號下，臺灣直接稱做「網紅」。

二十年前，粉絲必須透過電視或報紙版面追星，經由媒體效果中介放大，造就暢銷作家或新銳歌手；如今，網紅自我代理，他們擁有自己的頻道，直接訴諸群衆，提供購物建議、閱讀清單，或投票指南。

一方面，網紅現象承繼舊世界的影響力法則，無須大驚小怪。擁有一億四千萬名IG粉絲的金．卡戴珊（Kim Kardashian），置入一則產品廣告的價碼是五十萬美元；就像藝人喬治．庫隆尼（George Clooney）推銷咖啡、小勞勃．道尼（Robert Downey Jr.）代言手機，商業本質並無不同。

另一方面，網紅現象打造一個新世界生態，有時，這生態有助於人類相互理解、緊密溝通；有時，卻觸發令人不安的現象。例如，象徵網紅的數字指標，粉絲數、按讚數、分享數、留言數，讓我們集體活在一個「以貌取人」的世界裡，這裡的「貌」，意指每個人社交帳號的數據。

舉例來說，出版業近年不景氣，作者有沒有臉書、能否「自帶粉絲」、留言互動是否熱烈，變成評估是否值得出書、首刷印量的潛在指標。我曾開玩笑說，二十年前，秤量某人是否爲公眾人物，我們會看他接受多少新聞媒體專訪、篇幅多大；十年前，我們會看他有沒有個人維基條目、條目全文多少字；如今，我們會看他的臉書、推特或IG帳號上有沒有藍色勾勾，以及粉絲數字大小。

這套價值體系有時走岔，催生所謂「粉絲工廠」，付費就能買假粉絲，讓自己「漲粉」。當社交帳號成爲一種虛擬資產，販賣假粉絲的地下行爲，形同一種印假鈔的詐欺經濟。

另一現象是行銷認知的衝突，日漸崛起的網紅階級，形塑一套不成文的交換邏輯，他們寫信給豪華飯店、登門拜訪餐館，開口建議以社交帳號貼文，交換免費食宿。一開始，不少業者視爲低成本行銷手段；但隨著網紅越來越多，需索日益浮誇，各種衝突逐漸浮現。例如，有家馬爾地夫的五星級飯店，每天平均收到六封訊息，都是自稱網紅想要「商業合作」，一開口就是五到七天的免費住宿；另一家印尼峇里島飯店統計，一天最高收到二十封「網紅」訊息。

不只網紅，歐美還出現流行名詞「Nanoinfluencer」，由nano（奈米）與influencer（網紅）兩字組合而成，通常意指粉絲人數只有一兩千，但願意置入產品的社群媒體用戶，我暫且稱做「微網紅」。

迥異於傳統網紅動輒數十萬、數百萬的跟隨者，「微網紅」的粉絲雖少，但要價也低，甚至不需金錢，只需要一些試用品，就願意在IG等社交帳號上，張貼產品照片，同時附上一段讚美文。

這些積極的社群用戶，甚至寫信或發訊息自我推薦，自願將行銷產品夾雜在一堆美照之中，甚至主動開發住家附近的餐廳或店家，只為證明自己的網路身分，具備商業價值或影響力。

當網紅現象流於浮濫，有些業者不堪其擾，乾脆公告回絕。愛爾蘭都柏林一家精品旅館就在臉書貼文，不點名揭露某位網紅來信：對方承諾，發文向自己的十萬名YouTube及IG追蹤者推薦該旅館，藉此交換免費住宿五天。老闆刻意公開此事，並謝絕所有網紅到訪。後來，一名英國網紅對號入座，拍影片聲淚俱下，指控旅館老闆刻意羞辱，引爆雙方支持者激烈對戰。

最具諷刺寓意的是，加州洛杉磯一家冰淇淋餐車老闆，因爲不耐需索，乾脆貼出告示「只要自稱網紅，冰淇淋售價就加倍」，藉此嚇退網紅上門；不料，他的告示轟傳網路，網友絡繹前來打卡合照，這位拒絕網紅的老闆，自身反而變成網紅。

臺北也曾發生類似事件，一家咖啡館老闆受不了網紅在店內不斷拍照、影響其他顧客，甚至大剌剌公開換穿鞋子，因而貼出公告：「如果你造訪的目的，只是爲了拍自己的美照、生活照、假裝在看書的照、至少會拍半小時以上的人，請你們不要來。」這則公告被分享上網，也引發熱烈討論。

這是網紅時代的微妙性，名氣、財富、影響力像是鋒銳的雙刃劍，有時貪瞋癡苦，有時求不得苦；有時又是一則美好溫馨勵志的小故事，又抑或成爲衝擊未來政治的大敘事。

無論你是否喜歡，網紅正在重塑公共生活的地景，牽動商業邏輯與投票行爲，當英國女王誠徵社群小編，少林寺武僧也在經營抖音，我們的國家元首、閣揆、首都市長都努力模仿KOL。誰知道，下一位網紅，會不會是民選總統？

網紅現象

「網紅」是一種新穎微妙的現象，以往學術圈有「迷文化」研究，分析大眾流行文化的粉絲現象；如今，「網紅」象徵數位時代的迷文化，網紅如何崛起？如何圈粉？如何成為行銷、傳播、政治的兵家必爭之地？

以色列影像創作者伊塔瑪爾．羅斯（Itamar Rose），拍了不少政治與戰爭題材的影片，點閱率往往只有幾千次，在好奇心驅使下，他拍了紀錄片《百萬YouTuber爆紅實驗》，採訪多位百萬流量YouTuber，探究影片爆紅背後的祕密，全片幽默諷刺，他的頻道@Itamar Rose有短片預告，網路上也能租借全片。

Netflix有另一部紀錄片《美利堅網紅帝國》，更加尖銳探討網紅現象，包括他們如何譁眾取寵、炒作話題，甚至在鏡頭前表演玩火、以馬桶洗頭等搞怪行為。看了這些紀錄片，會讓你重新思考名氣、虛榮、點閱、商業利益，與誠心創作之間的差異。

《百萬YouTuber爆紅實驗》預告

《美利堅網紅帝國》預告

一次看懂「迷因」之謎

一位在國中任教的朋友，說了件眞實趣事，他說，帶學生出遊或畢業旅行時，拍團體照的表情總是七零八落，他們不愛比「耶」，不愛比讚，更不管「西瓜甜不甜」，連一起微笑看鏡頭都不情願。他靈機一動，想起當時的校園流行語，於是要大家一起喊「我—就—爛」！果然，全班精神抖擻，開心大笑，豎起拇指齊聲高喊，順利留下一張青春洋溢的照片。

爲什麼？這個源自網路貼圖的流行語，爲何具備如此魔力？背後代表的「迷因」文化，又有哪些奇妙的故事？

近幾年，「迷因」堪稱網路世界最火熱、也最混亂的字詞。二〇二〇年疫情期間，衛福部每天的「總柴」貼圖、臺港泰印的「奶茶聯盟」，或社群網站各種惡搞趣味的動態gif圖、《美國隊長》的電梯對白改作……，迷因已是當代政治、文化、傳播的激情交叉點。

迷因英文是meme，原意是「人類文化事物傳播、演化的現象」，臺灣一度譯名分歧，有人稱它「梗圖」，有人叫它「模因」或「媒因」，還有更複雜的「網路暴紅事物」或「文化基因」。隨著社群媒體崛起、影音圖像應用普及，迷因逐漸滲入社群論壇的對話裡，一個讚許表情，一個悲傷情緒，都能用數十種動態圖來代替。

如今，meme字義也因網路應用而演化，根據《劍橋辭典》網站解釋，迷因是「在網路上迅速傳播的概念、圖像或影片等」。

不只網路上，迷因也入侵日常生活。有天，小學四年級的小兒子問我，什麼是「黑人問號」？他告訴我，班上同學用這四個字取代「你講啥」的翻白眼情緒。於是，我直接上谷歌，搜出大家熟悉那張圖，簡單交代這張照片的含義。

其實，我還能提供第二層解釋，那張圖片的主角是NBA退休球星尼克．楊（Nick Young）。二〇一四年，他還是湖人隊一員，在家接受YouTuber採訪，訪問時，尼克身旁的媽媽形容他是個耍寶屁孩，他因而擠出一臉疑惑的表情，回應媽媽的玩笑話。由於尼克的神情太生動，作者刻意將影片定格，並打上滿天問號，製造幽默效果。此一畫面被網友截圖，大量用於網路對話，表達困惑、搞笑、難以置信等情緒，因而暴紅。

不只如此，那張圖還有第三層意義：這位YouTuber的訂閱人數只有一萬七千人，但因截圖爆紅，尼克專訪的觀看次數高達168萬次，遠超過其他影片。這個案例告訴我們，迷因的傳播潛能強大而難以預測，原本是美國自媒體的影片↓截圖變成表情符號→在英文討論區暴紅→飄洋過海被臺灣網友頻繁引用→進入國小校園，成爲日常詞彙。

重要的是，當這個迷因進入日常對話，我們常忽視「黑人問號」一詞隱含種族歧視。更嚴重的例子是，臺灣網紅曾借用「黑人抬棺」影片的迷因，將臉部塗黑，模仿他們歌舞表演，就引來非裔人士強烈抗議。

然而，我們通常不太追究迷因背後的情境脈絡，因爲，迷因經常「覆蓋原有意義，去除原始脈絡，發展全新的應用情境」。

無論是「美國隊長電梯對白」、「嘶吼貓咪」或「我就爛」，迷因已是年輕族群的熱門溝通形式，不但出現各種梗圖倉庫、梗圖產生器，供網友二次創作；在不同情境下，同一張圖可能產生截然不同的意義。例如二〇二〇年爆紅的「我就爛」貼圖，因創作者心態、配圖、字幕的不同，既可能意味著「自暴自棄」，也可能表示「坦然檢視自己的缺點」。

迷因意義的多元性，不只發生在人際對話，進入公共領域後，迷因也會長出不同生命。例如「佩佩蛙」，這個凸眼青蛙圖像，出自一系列搞怪漫畫，吸引大量網友自發創作改圖，廣泛流傳在時事論壇裡。二〇一六年美國總統大選時，極右派論壇的網友挪用佩佩蛙圖像，加上各種納粹、白人至上的字樣或符號，進而捲入川普與希拉蕊的選舉戰火中。

此後，佩佩蛙被猶太等團體標註爲仇恨符號，漫畫原創者自己也很無奈，他公開抗議佩佩蛙被網路綁架，被網友貼上性別歧視、種族歧視的標籤，他卻無能爲力。因此，這位漫畫家決定在某一期雜誌裡，爲佩佩蛙舉辦喪禮，宣告牠的死訊。

奇妙的是，二〇一九年香港爆發反送中運動，抗爭者開始在網路上、在街頭塗鴉使用佩佩蛙的圖像，將它視爲反抗象徵，爲它畫上頭盔與防毒面具，廣泛傳送到全球新聞媒體與社群網站裡。換言之，佩佩蛙作爲流行文化的迷因，至少歷經三次意義轉換：趣味搞怪（原作者）→種族仇恨（美國右派論壇）→死亡宣告（作者反仇恨）→反抗極權（香港抗爭）。

從「黑人問號」到「佩佩蛙」，我們看見迷因的力量與限制，一方面，它象徵網路自主創意的活潑奔放，任何人在不違反著作權的前提下，可以二次創作，呼應、反對或嘲弄原始主張，或自由又出全新意義，藉由網路快速傳播。

例如二〇一九年，公共電視《新聞實驗室》製作的「記者真心話」，大量運用迷因與圖表，分析臺灣媒體崩壞的結構因素，節奏緊湊，意簡言賅，又能切中網路族群的流行語彙，因而快速吸引眾多注目與迴響，堪稱「媒體識讀」議題在社交網路的成功案例。

同時，迷因也扮演反制假資訊的攻防利器。近年，臺灣公部門常運用迷因圖，將破解假訊息的正確資訊，仿作成「長輩圖」，以子之矛攻子之盾；例如，二〇二〇年的衛生紙搶購風波裡，行政院長蘇貞昌的「一粒卡臣」貼圖，快速傳達穩定民生物資的立場，創造熱門話題，甚至引來CNN、BBC與日本媒體報導。

相反的，迷因的破壞力量也不容小覷，前述佩佩蛙的例子，連原創者都無可奈何，只能親手「殺死」自己的創作物。然而，原創者連作品生死都無法控制，佩佩蛙並未眞的死去，反而繼續長出不同網路分身。

臺灣也是如此，誤用迷因，也會迷失在暴紅假象裡。公衆人物有時誤用迷因，慘遭無數網友「炎上」（意指網路聲討），這也警告我們：太依戀迷因的快速傳播力量，太依賴無厘頭搞笑的淺薄內容，卻忽略眞誠細膩的網路溝通，長期下來，不利於深刻的公共討論，也很容易招致反作用力。

以美國近兩任總統爲例，歐巴馬過度強調社群傳播，曾被媒體批評「將每一個嚴肅的公共議題，都當作社群標籤（**#Hashtag**）來處理」，反而逃避公共辯論；川普則被形容像是一個「自拍型總統」，凡事以自己爲核心，選戰過程「就像一個巨大的迷因」。

可預見的未來，迷因仍會在我們的網路生活占據重要位置，無論是人際對話、公共溝通，如何善用迷因的傳播形式，尊重他人感受、注意著作權合理使用，創造更活潑的網路對話，或許，迷因還會演化出更多功能，等待我們去發掘。

哲斌大叔的

素養概念開箱文

迷因次文化

迷因反映當下數位文化現象，無論是搞笑發洩、自發創作、社群參與、議題表態，迷因都佔有重要傳播位置，經常演化出自主意義。

二〇二一年初，美國參議員伯尼．桑德斯（Bernie Sanders）參加總統拜登的就職典禮，被記者拍下他戴著毛線手套，神情放空的模樣。結果，那張照片在網路爆紅，無數網友截圖將他放在不同場景裡，像是變身熱狗攤老闆、北極愛斯基摩人、球場販賣部店員等，甚至出現一個編輯器，結合谷歌街景圖，讓網友把桑德斯的圖像放進世界各角落。

後來，桑德斯的團隊乾脆推出多款T恤義賣，上面印著這個迷因圖案，結果幾天內售罄，收益超過一百八十萬美元，全數捐贈公益團體。由此可見，如果妥善運用，迷因有著強大的正面傳播力道。你可以掃描條碼，看看桑德斯的迷因現象（英文報導）。

桑德斯的迷因現象英文報導

如何修復崩壞的社群媒體

最近幾年，臉書、YouTube、TikTok常被嚴厲批評，美國政府下令這些社交網站坦誠交代自己如何蒐集並運用網友資料，甚至控告臉書涉嫌壟斷，強迫他們切割Instagram等子公司。社群媒體壞掉了嗎？如果是，應該如何修好它們？

其實，社群媒體也有良善陽光的一面。

英國《衛報》特約記者艾瑞卡．比斯特（Erica Buist）曾有一段失業時光，她花光積蓄，取得新聞碩士學位，卻工作無著。她孤單沮喪、身無分文又羞於啓齒，曾趴在臥室地板上痛哭。她希望擺脫低潮，於是架設一個匿名部落格「如何當一名失業者」，書寫無業生活的點點滴滴，因而在社群網站上，吸引一群與她同病相憐的網友。

他們互相打氣、交換求職經驗、以悲慘境遇彼此療癒，比斯特不再感到孤單。等她找到《衛報》的工作，那些不相識的網友紛紛冒出來賀喜，興奮得彷彿他們自己求職成功。

於是，比斯特在一篇文章裡，報導幾個類似案例：一名從小飽受霸凌的自閉症患者，在臉書及Instagram講述自己的故事，因而結識無數朋友，並開啓他的網路事業；一名腳趾形狀怪異的女生，始終心理自卑，必須穿上襪子才上床睡覺，直到她搜尋到一個臉書社團，找到相同特徵的群體，得到接納認同，並從中交流經驗、獲取建議，最後決定手術矯治，就此改變她的生活。

環顧我們的數位世界，不乏這類正面例證，沒有網路之前，這些溫暖故事幾乎不可能發生。社群網站的崛起，讓人際連結交流的門檻更低、黏性更高，形成自發自主的線上支持團體，凸顯人類善良、無私、積極奉獻的一面。

所以，社群媒體是必要的，網路社交是必要的。遺憾的是，當現代科技放大此一心理需求，當社群媒體更高效率的連結人群，同一時間，它們也展現陰暗面，套用一個老掉牙的譬喻：「黑暗原力總是與絕地武士同在」。

二〇一八年四月，一名加拿大年輕男性亞列克．米納西安（Alek Minassian），涉嫌駕駛廂型車，追逐衝撞人行道上的人群，十人不幸喪生、另有十六人受傷，其中大部分是女性，包括單親媽媽與八十歲老祖母。

米納西安被捕後，警方發現，他在臉書自稱「Incel反抗軍」的一員，要打倒所有「高富帥」與「白富美」。

Incel是「非自願單身（Involuntarily Celibate）」的縮寫，近年，一群異性交往經驗受挫的男性，在臉書等社群網站組成活躍的仇女社團。他們交換挫折經驗、以各種標籤辱罵女性，其中，多數網友只是宣洩情緒，尋求共鳴；但當語言強度越來越激烈，少數個人開始鼓吹暴力，揚言發起一場兩性戰爭。

米納西安不是唯一例證，兩名學者曾追蹤德國境內三千多起反難民的暴力案件，並分析每一起個案的地域因素，經濟、人口結構、政黨分布等，結果，最顯著的差異是「臉書普及率」，臉書用戶高於全國平均的城鎮，攻擊難民的案件明顯增加。

《紐約時報》進而採訪多起實際案例，例如，人口不到兩萬的德國小鎮阿爾特納，有著臉書超高普及率，一方面，居民對於當地收容的敘利亞難民，大多熱情而友善，經常主動伸出援手；另一方面，該鎮難民庇護中心的臉書專頁，卻被仇視難民的外地言論攻陷，憤怒與恐懼主導了留言情緒，夾雜著錯誤資訊與不實偏見。

有天，鎮上一名毫無暴力紀錄、但不時轉貼反難民訊息的年輕消防員，涉嫌潛入敘利亞難民的集合住宅閣樓，以汽油縱火，所幸無人受傷。

爲什麼社群媒體既是人類互助的橋樑，也是尖銳傷人的利刃？

原因相當複雜，新聞網站Vox曾製作一支短片，解釋社群媒體爲何製造社會紛爭，其中引用紐約大學心理學助理教授的研究，他追蹤分析五十幾萬筆推特貼文，發現凡是使用「道德/情緒化」字眼的推文，諸如恨、可恥、責罵，能獲得遠高於一般推文的回應與轉推。

這位學者認爲，就像古老的部落文化，人類經常藉由情緒化的「部族語言」，確立身分認同、辨識敵我、排除異見。運動比賽是最佳例證，不同球隊的支持者穿戴印有隊徽的衣帽，臉上彩繪符號，爲己方加油，甚至彼此叫陣嗆聲。

然而，當這類「部族語言」進入網路討論空間，很容易刺激圍觀者情緒，形成壁壘分明的對抗聲浪；而且，社群網站的演算法邏輯，進一步獎賞這些立場鮮明的激烈言詞，打壓溫和意見。於是，恐懼、憤怒、帶有情緒字眼的訊息，往往躍爲社群網站的熱門貼文，即使其中包含大量錯誤資訊。

另一項麻煩是，臉書、Google、YouTube等巨型企業鋪開一張巨大細密的網絡，與我們的文明生活緊密結合，讓人難以脫身。

有天，我家巷口洗衣店忽然宣布，不再提供送洗收據，店長說，「我們現在只透過Line傳送憑證」，當他得知我已卸載這款通訊軟體，露出難以置信的神情，彷彿我是山頂洞人。此外，我停用臉書三年來，每當友人見面聊及群組裡的趣事，常喟歎「可惜你已經不在了」，他們的口氣，像是哀悼我離開人世。

即使我以Telegram與WhatsApp作爲通訊軟體，即使我還用推特、噗浪等社群平臺，但在許多人眼中，放棄臉書與Line，就等同一個數位孤僻鬼。

我們生活在一個奇妙時代，表面上，數位生活提供無窮盡選擇，個人擁有無限制自由，免費下載並享用各種貼心服務；實際上，這些選擇往往被隱形力量牽制決定，很多時候，我們並不如想像中自由，所以常聽見各種抱怨「我很想關臉書，但是……」。

根本原因是，這些科技公司利用技術與市場優勢，高築各種城牆般的壁壘，我們的數位生活、社交人脈，都可能被阻絕牆外。因此，歐盟及美國都在研議政策，試圖打破這些社群平臺的高牆，至少有下列幾個途徑：

一、改變演算法規則，強調社會責任，而非只求病毒式觸及率，甚至應由各家社群平臺攜手，商定以隱私安全、社會信任、免於歧視的共通原則，終極目標是促成一個「重視社會後果，而非感官刺激」的數位環境。

二、將用戶資料視爲「基本人權」，而非「企業資產」，彰顯用戶擁有資料產權的途徑，就是創造資料便攜性與共通性，簡言之，就像各家電子信箱可以互通，社群平臺也應容許訊息互通，如此一來，在我的同意下，洗衣店就能以Line傳訊到我的Telegram，大學臉書群組也能直通我的其他社群帳號。

三、降低數字成癮症，要求社群平臺廢除按讚、打心等即時回饋，這些數據常是誘發極端言論或偏差行爲的廉價獎勵，也是社交網站成癮的糖衣毒品。有種更強烈的建議，要求將社群平臺現有粉絲、追蹤者數字全部歸零，改爲適用較嚴格的隱私法規標準，一切重新開始。

四、改革注意力經濟體系，社群平臺造成各種紛爭的背後，是「注意力經濟體系」的惡劣後果，然而，只靠單一力量，很難根本改革現有社群文化。

催生全球資訊網的科學家提姆·伯納斯李（Tim Berners-Lee），有感於網路世界失序，曾草擬一份「網路契約」，列舉出政府、企業、公民必須共同守護網路開放性的九大原則。他也建議重新打造網路規則，限制社群媒體只能「使用」資料，但不「擁有」資料，讓網路用戶掌控資料財產權，而非平白奉送給科技公司。

作爲數位社會的一分子，我們必須意識到現有系統故障，從法令規範、政府管制、數位公民倡議、消費者運動、資訊素養教育，像是剝洋蔥一樣，一層一層啓動全方位改革，才能徹底解除這道「科技巨頭的詛咒」。

終究，社群媒體是必要的，但願，我們值得一個更好的網路社群空間。

哲斌大叔的

素養概念開箱文

注意力經濟

網路是中性工具，我常比喻像一把「菜刀」，可以拿來烹煮佳餚，也能拿來攻擊別人。當前，社群媒體被批評弊端叢生，主因是「注意力經濟」的商業模式，讓社群文化偏重快速傳播，卻忽視社會後果。

臺裔哥倫比亞大學法律學者吳修銘（Tim Wu）著有《注意力商人》一書，深入分析網路崛起至今，用戶注意力被濫用，偏重廣告主利益，而導致侵害隱私、不當監控、社會兩極化等負面現象。

因此，改革社群網站過度依賴「注意力經濟」的現象，已是當前跨國重要議題。文中提及美國新聞網站Vox的影片，幽默分析社群網站的演算法模式，如何催生一個偏見仇恨的數位世界，以下條碼是影片連結，可開啓英文字幕。

Vox影片：社群媒體
如何製造社會紛爭

鄉民大挑戰

先求不傷身體再講求效果的網路必修課

引言

鄉民大挑戰：先求不傷身體再講求效果的網路必修課

二〇一〇年底，埃及出生長大、剛滿三十歲的戈寧（Wael Ghonim）是Google中東區行銷經理，除了擁有一份夢幻工作，他目睹當時的「阿拉伯之春」，於是匿名創建臉書專頁，凝聚爭取民主的強大民意，間接推翻埃及獨裁政權，由全國民選下一任總統。戈寧被《時代》選為全球百大影響力人物，他的故事，彷彿一則網路世代的勵志寓言。

不過，埃及新總統上任不過一年，因為國內教派衝突，社會嚴重分裂，雙方支持者透過網路互相攻訐，不斷散布仇恨與假消息。最後，總統被政變趕下臺，由軍方將領重新掌權。

戈寧二〇一五年在TED演講，反思社群媒體在兩次事件扮演的角色。他認為，臉書在第一次事件中，有效集結抗議力量，形成一股「分散式社會運動」，讓在位三十年的獨裁者只能選擇流亡。然而，在第二次衝突中，戈寧發現社群媒體「有助於營造民氣，卻無法解決社會矛盾」，甚至加劇不同意見尖銳對立。

他分析，社群媒體快速、簡略的性格，讓人們太快跳進結論，難以表達複雜、深刻的觀點；按讚及演算法等機制，助長憤怒情緒與假資訊傳播。最後，網路將公民社會推至兩種極端，逼迫個體選邊站，同時助長謠言與仇恨，使人變得偏狹，充滿怒氣與誤解。（戈寧的演講連結，可參見本書附錄）

不只埃及，無論臺灣、美國或歐洲，數位科技創造資訊自由，也創造資訊難題，人類擁有史上最豐饒、最平等、最多元的資訊環境，同時感受選擇困難、認知混亂的焦慮；在此同時，品質參差的真假資訊，戴上「新聞」假面，擾亂我們對公共議題的認知，擴大我們的社會鴻溝。

因此，本章討論「假新聞」的起源，提出三種對應之道；其次，針對「網路酸民」的線上仇恨現象，以及各種「網路霸凌」的防禦配方，透過現實案例與故事，希望讓讀者建立資訊抗體。

最後，「大數據」是近年熱門科技關鍵字，如何善用這項分析技術，避免侵害隱私或社會不公等副作用，已是資訊社會的重要功課。戈寧的例子告訴我們，面對各種網路新事物，我們必須學著「如何倒掉洗澡水，而不倒掉嬰兒」，或者，套用一句家喻戶曉的廣告詞：先求不傷身體，再講求效果。

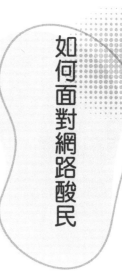

如何面對網路酸民

二〇一七年臺北市發生一起命案，一位從事網拍的年輕女模不幸遇害，剛開始，檢警懷疑她的梁姓好友設局陷害，部分新聞媒體大幅報導，梁女臉書迅速湧入兩萬多則留言，以各種攻擊性言詞辱罵她。後來，檢方確認梁女的不在場證明，排除涉案嫌疑，曾痛罵她的網友擔心被告毀謗，紛紛上臉書刪除留言，但因數量太多，很多人找不到自己那一則，四處焦急詢問「如何找到特定留言」。

這起案例裡，檢警未遵守「偵查不公開」原則、媒體未經查證平衡就曝光個資，造成輿論公審，都該受到嚴厲譴責。然而，身爲無關案情的旁觀者，爲何我們在當事人尚未定罪之際，就輕易被挑起情緒，認定對方罪大惡極，以各種激烈文字羞辱一個陌生人？

例子還有很多，臺灣每逢選舉，網路常充斥著非理性罵戰，或是中國的「小粉紅出征」、美國槍擊案兇嫌宣揚種族暴力……「線上仇恨」起初是網路現象，後來是社會問題，如今演變爲政治炸彈，也是當代最難解決的議題之一。

這題目有點艱澀，有點枯燥，但已點滴滲入數位生活，甚至衝擊民主體制，逼使我們必須正視。我嘗試以問答形式提出討論。

一、線上仇恨的起源是什麼？

仇恨言論並非網路時代新現象，必須回溯古老文明。一九七三年，心理學家佛洛姆（Erich Fromm）就在《人類破壞性的剖析》一書中，深入探討仇恨與暴力的起源。他的看法是，人類與其他動物的差異之一，在於人類不只防禦侵犯，更會因想像中的敵人，主動進行激烈侵犯，他稱為「惡性侵犯」或「破壞性侵犯」。

破壞性侵犯的成因有很多，有時是領袖崇拜，有時被洗腦說服，有時因自身心理失衡、自戀、恐懼、分離焦慮，或追求集體性的狂歡，尋求外界連結與認同，紓解內在孤獨或恐慌。

佛洛姆的研究放進數位世界，仍有一定解釋力。重要的是，他強調，破壞性與殘忍並非動物本能，而是人類文明化之後，回應外在環境如家庭、學校、社會壓力時，所釋放的一種激情。

研究網路文化二十年的美國伊利諾大學傳播學者帕帕克瑞斯（Zizi Papacharissi），曾提出類似解釋，她認為「人們經常利用網路，獲得他們日常生活缺乏的事務。因此，當人們被社會化，被迫壓抑現實世界的衝動，一旦上網，他們屈服於盡情發洩的誘惑。」

因此，早在BBS時代，就有所謂「鄉民論戰」或「酸民小白」；臺灣PTT最熱門的討論版曾是「黑特（Hate）」，然而當時，仇恨語言大多是一種遊戲或表演，搞笑及惡作劇的成分居多，對於實體社會較無傷害性。

二、線上仇恨如何影響數位生活？

後來，仇恨言論如何破壞網路文化？「新聞討論區」是最好例子。

二十一世紀初期，國內外新聞網站的網頁下方，幾乎都內嵌留言區，當時，我們普遍相信「讀者意見」是新聞的延伸，是公民參與的網路實踐，小自糾舉錯誤，大至新聞事實被檢驗、意見評論被辯證，有些例子裡，讀者的專業知識甚至補充報導不足，提供新聞延伸線索。

事實既是如此，又不只如此。很快的，草率、惡意的言論主導新聞留言區，媒體組織必須調派編輯，二十四小時輪值管理，刪除毀謗攻訐或歧視性留言，否則將跌入惡性循環，只要有一兩名「破壞性侵犯者」，就會讓誠意討論卻步，留言品質無量下跌。

由於人力成本太高，甚至影響網站品質，多數媒體直接關閉留言功能，少數如《衛報》讓網友互相評分、《紐約時報》及《連線》預設隱藏留言，或只允許付費會員發言。隨著臉書崛起，新聞網站普遍嵌入臉書留言框，減少管理負擔；有些完全封閉討論，包括《Popular Science》、《MIT科技評論》等科技媒體網站。

這些發展令人惋惜，意見交流原應是網路強項，然而，線上仇恨讓討論區淪為人性重災區，尤其政治主題，黨派歧異往往摧毀中立地帶。更糟的是，線上仇恨快速惡化公共討論品質，進而引發社會問題。

三、仇恨言論如何引發暴力行動？

臉書為了流量，承接媒體網站的議題討論功能，也付出龐大代價，將內容管理外包給數以萬計的審查員，不斷招致「管理不力」、「戕害審查員身心」等批評。另一方面，線上仇恨產生群聚效應，以美國爲例，仇恨言論往往集中到更偏激等社群網站。

光是二〇一九年，從紐西蘭基督城到美國德州艾爾帕索，就有三起重大槍擊案兇嫌，都是這些偏激社群網站的重度使用者，他們犯案前，都在該站發布仇恨宣言，聲稱受社群內容啓發，因而引爆社會爭議，被稱爲「網路暗角」。

這些案例並非巧合，根據華沙大學心理學者的實驗，特定群體若不斷曝光在憤怒、敵意的訊息環境裡，確實會升高他們的偏見，強化他們的厭惡情緒；越過某一臨界點之後，這些恨意或歧視語言會被常態化，不再被認爲具有冒犯性，進而降低同理能力，最終形塑一種扭曲的世界觀。

四、線上仇恨有言論自由嗎？有無解決方案？

不同國家，對於仇恨言論的態度各有差異。相較之下，歐盟各國較為嚴厲，二〇一七年德國通過一項法案，要求社群平臺二十四小時內刪除仇恨、毀謗、虛假內容，否則最高裁罰五千萬歐元，族群歧視、鼓吹納粹、否認猶太屠殺都屬違法。法案實施後，極右派政黨副主席的推文也被秒刪。

法國也有類似法案，除了強制移除極端言論，臉書等社群平臺在法院要求下，甚至必須提供發布仇恨言論的用戶資料、IP位址，供追查起訴。

美國法律對仇恨言論相對容忍，然而，近年槍擊案頻傳，且證實仇恨言論與暴力行動可能互為因果，於是美國法院的判決，開始將仇恨言論納入暴力案件的求刑考量。

所以，面對野草叢生的線上仇恨，我們應該要有哪些心態準備，能夠採取哪些舉措？

首先，仇恨言論的源頭，經常是躲在匿名背後的虛張聲勢，瑞典電視臺曾製作「酸民獵人」節目，當主持人找到網路最惡毒的酸民，拿著攝影機上門採訪，這些在虛擬空間霸凌弱者的受訪者，雖有部分咄咄逼人，但多數若非慌張逃走，就是信誓旦旦會刪除所有貼文，甚至哭著保證不再犯。

因此，面對線上仇恨，第一個原則就是「忽視」，避免回應甚至交戰。憤怒、屈辱、示弱往往是升高對方氣焰的燃料，有時必須反其道而行。

當然，並非所有線上仇恨都懦弱無害，有些確實可能演變爲人身威脅或暴力傷害，當線上仇恨升高爲網路霸凌，甚至衍生暴力陰影，公開揭露並「司法反擊」是第二道防線。臺灣雖無管制仇恨言論的專法，但諸如毀謗、公然侮辱、恐嚇等法條，仍適用於人身攻擊的網路言論。

第三是「加重社群平臺責任」，正如法國與德國的例證，社群網站已不能躲在「平臺中立」的保護下，拒絕爲用戶貼文負責。例如，推特等社群網站在外界壓力下，近年就積極追查、封鎖組織性的仇恨言論。

因此，第四是研究仇恨群體的心理，找出刪文或停權以外的方法。例如，有一派學者主張將司法的「修復式正義」概念，引入社群網站管理，讓發表歧視貼文的違規用戶，面對受害者的控訴，讓他理解網路霸凌造成的影響。這種方法成本很高，但在部分實驗案例裡，確實能有效促進對話、消解社會矛盾。

「線上仇恨」是社會矛盾的複製模型，人性缺陷的數位版本，網路科技只是讓這些怨念與偏見匯聚共鳴、快速流竄。因此，網路酸民或線上仇恨，有時正是實體社會的一面鏡子，當我們越理解這些脫序言論的根源，也越有機會改善我們賴以生存的真實世界。

哲斌大叔的
素養概念開箱文

線上仇恨

線上仇恨不只是數位世界的棘手現象，同時隨著網路血管，滲透到實體社會的各個角落。二〇二一年初，美國大選後，一群支持川普的民眾衝進國會山莊，造成多人死傷，背後就是假資訊、線上仇恨在網路交匯，催生暴力行動的不幸事件。

因此，社群平臺近年遭受各國壓力，要求他們加強內容管理、杜絕仇恨傳播。除了文中提及德、法等國，紐西蘭基督城槍擊悲劇發生後，澳洲制定嚴格的《散播邪惡暴力內容法》，未善盡管理責任的科技平臺主管可判刑三年，並裁處全球營業額百分之十為罰款。英國政府也推動管制社交媒體內容的法律，罰則與澳洲相近。

半島電視臺曾訪問「酸民獵人」主持人阿什伯格（Robert Aschberg），請他分析酸民現象的成因、心理動機、社會意義，淺顯生動，你可以掃描條碼閱讀《地球圖輯隊》的譯介。

《地球圖輯隊》文章：瑞典主持人上門逮酸民

鍵盤魔人的霸凌陷阱

對於日韓藝能圈，近幾年是悲傷年分。韓星具荷拉、雪莉相繼離世，讓人氣女星IU出面痛斥網路霸凌，Super Junior的金希澈則刪光好友、鎖IG，表達對社群媒體的沈默抗議。日本藝人木村花驟逝後，演藝圈也掀起反霸凌風潮，木村花好友水越愛華就表示，「言語確實能成為武器，必須阻止這股網路霸凌的趨勢。」

臺灣也曾多次發生類似事件。二〇一五年，藝人楊又穎去世後，她哥哥創立「心地好一點、霸凌少一點」線上求助網站，提供霸凌受害者免費諮詢與協助。

這些心痛的例子，讓我們不禁要問：網路霸凌從何而來？爲何不時出現「鍵盤魔人」？美國兩起名人的故事，或許，最能見證魔鬼的身影。

第一個故事，關於羞辱與悔恨。

或許你看過一段TED Talk影片，演講者是莫妮卡．陸文斯基（Monica Lewinsky）。一九九八年，美國總統柯林頓爆出緋聞案，他與二十幾歲的白宮實習生發生婚外情，進而演變爲政治風暴。事後，柯林頓逃過彈劾，順利當完第二任總統；相較之下，女主角陸文斯基飽受嘲笑攻擊，從此消匿無蹤。

直到二〇一四年，陸文斯基終於公開露面，從此挺身對抗網路霸凌，她在TED演講提到，公眾霸凌最嚴重之際，父母不敢讓她洗澡時鎖門，唯恐她在浴室輕生。她的自述非常動人，對於網路霸凌現象，也有精準描述，以下摘錄三段，文末有影片連結：

> 人們對我個人的關注及道德審判，也是前所未見的，我被貼上各種標籤……，很多人看見我，但很少人了解我。我明白，人們很容易忘記，一個女人具有多種面

向，其實她也有靈魂，也曾經完好無缺。十七年前，這些發生在我身上的事，還沒有專有名詞；現在，我們稱之為「網路霸凌」或「線上騷擾」。

近二十年來，我們逐漸在文化的土壤中，撒下羞辱的種子。無論是線上還是線下，八卦網站、狗仔隊、實境秀、新聞報導、政治甚至駭客，都成為羞辱的交易管道。它導致了冷酷無情、無所遁逃的網路情境，它讓挑撥攻訐、侵犯隱私、網路霸凌日益猖獗。這種趨勢，創造出尼古拉斯．米爾斯（Nicolaus Mills）教授所說的「羞辱文化」。

公開羞辱，成為一種商品；恥辱，則變成了一種產業。這產業如何獲利？點擊。羞辱越多，點擊就越多，點擊越多，廣告收入也越多。這是一個危險的循環，我們對這些八卦點擊得越多，我們對故事背後的人就越麻木；我們越麻木，就越會去點擊。自始至終，都有人利用他人的痛苦進行牟利，每一次點擊，我們都在作出選擇。文化中充斥的公開羞辱越多，越被眾人接受，我們就越常看到網路欺凌、攻許煽動、駭客入侵，還有線上騷擾。為什麼？因為它們的核心都是羞辱，這些行為，都是我們所創造的文化症狀。

陸文斯基在刺蝟般的千夫所指下，沉默躲藏了十幾年，終於鼓起勇氣，走進公眾視野，以親身的觀察與分析，深刻提醒網路霸凌的可怕。她在演講中提及，自己大概是全世界四十歲以上的人類中，唯一害怕回到二十二歲的人。

第二個故事，關於愚昧與代價。

故事發生在一對父女身上，美國職棒紅襪隊的退休名投柯特・席林（Curt Schilling），不但擁有三只世界大賽冠軍戒指，更有一位掌上明珠嘉比（Gabby Schilling）。二〇一五年二月，十七歲的嘉比接獲入學許可，即將進大學就讀，而且將成爲女壘校隊的一員。

當時擔任電視球評、言行偶爾引發爭議的爸爸席林，在他的推特寫下：「恭喜嘉比，明年將爲瑞金納大學投球！」

沒想到，一名父親的驕傲，引來部分網友的輕佻回應，包括針對嘉比性騷擾或性暴力的社群貼文，這些網路言語讓他的女兒情緒崩潰，甚至考慮放棄入學，也讓她父親決心反擊。

席林鎖定一些最糟糕的貼文，透過那些網友的臉書、推特、Instagram等社交工具，交叉比對之後，一個半小時就找出九個人的身分，包括他們的姓名、地址、就讀學校、父母的電子郵件等資料。席林公開要求他們道歉，有些網友低頭認錯，有些繼續嘲笑席林；他因而公佈了兩名最惡劣網友的眞實姓名，不久後，其中一個失去在洋基球場的打工機會，另一個從學校休學，而且，他們都關閉了推特帳號。

席林在自己的部落格寫道，「這年代的孩子，都在螢幕及鍵盤後頭長大」；「當你在現實世界說了某些話，或做了某些事，就會產生某種後果」；「我只是試著告訴人們，推特就是現實世界」。

回頭對照此刻的臺灣，新聞留言區、BBS、臉書到處充斥所謂「酸文」、「恨文」、「靠北文」，我們說著線下世界不輕易出口的話，以為恨意與謠言是虛擬的，殊不知它具備利刃般的傷人力量；我們以為「匿名」是安全的，因此忽視了言語的道德責任，忽視了凡事都有後果，而後果經常沈重，經常難以收回。

二〇一七年，一群被哈佛大學錄取的準新鮮人，在他們設立的不公開臉書社團裡，熱烈交換校園槍擊案、納粹、虐童、種族歧視的各種玩笑，以及惡搞照片，自以為無傷大雅。校方發現後，撤回他們的入學許可，讓這群學生後悔莫及。

此事展現了社交媒體的陰暗面，當發布訊息如此容易，只需按下幾個按鍵，幾秒鐘之間，就能向成千上百的陌生人群傳送影像或文字，有時，我們僅僅為了遊戲感或發表欲，卻輕忽了後果與責任。

網際網路發展至今，連結了許多原本孤立的個體、壯大了許多原本弱勢的人群，但也助長一些偏誤觀念，例如「匿名言論不需負責」，當我們以為「言論自由」是張空白支票，卻不承認「自由的代價伴隨著責任」，這張支票必定有過度通膨、餘額不足、擠兌跳票的一天。

人性本有善惡，網路只是放大、加速了人性的善，同時放大、加速了人性的惡。網路中介了我們的人性，無論是入侵雲端、竊取個人資料、散布他人隱私，或是匿名造謠、聚眾攻訐、冷嘲熱諷、落井下石，都是醜惡性格的擴大器。我們以為攻擊性貼文只是一種無害發洩，其實是無情消費他人的痛苦；而大眾媒體的推波助瀾、煽動鼓譟，讓「鄉民正義」與「鄉民暴力」的界線日益模糊。

或者，就像陸文斯基說的，「公開羞辱成為一種商品，恥辱變成了一種產業」。不只公眾人物，「網路霸凌」也存在於校園、存在於IG等社交媒體、存在於我們每一個人身邊，它像一頭頑強而飢餓的巨獸，隨時尋找犧牲者，我們只能一次又一次，不斷互相提醒：

一、毀謗他人不是言論自由，必須負起道德責任與法律責任；

二、公眾人物的隱私，只要無關公共利益、未侵害他人，媒體與個人都沒有置喙權利，更別提一般人，我們不該輕易批評他人隱私；

三、網路從來不虛擬，每個帳號、每個頭像背後，往往對應一個活生生的人，一具會痛苦、會受傷、會凋零的血肉之軀；

四、消費他人的痛苦不是正義，而是懦弱；躲在匿名面具之後，嚼舌、造謠、攻訐他人，是懦弱中的懦弱；

五、八卦媒體的主流商品是他人隱私，交易貨幣是點閱數、按讚數與廣告曝光量；事實證明，這種商業模式很邪惡，但很有效。請務必記得，在某些媒體或網站眼中，你的眼球與滑鼠也是商品一部分，他們利用人性的窺私快感，以及傷害他人的欲望，作爲中飽私囊的手段。

再說一次，網路是中立的工具，能讓世界更美好，也能讓人性更醜惡。

那些過早殞落的年輕明星，說著一個個令人遺憾的例子，讓我們心虛發現：「每個人的鍵盤裡，都住著一個魔鬼。」但願我們彼此提醒，不要掉入惡魔的陷阱。

哲斌大叔的

素養概念開箱文

網路霸凌

有時候，網路霸凌的背後是正義感；有時候，網路霸凌的動機只是「湊熱鬧」或「好玩」。換句話說，霸凌經常始於善意或戲謔，卻對當事人造成無窮痛苦。

因此，如何換位同理，如何將自己的滿腔熱血，謹慎化為網路文字或行動，就是避免霸凌的起點。楊又穎的哥哥彭仁鐸是很好例子，妹妹過世後，他將悲痛轉化為力量，不但把楊又穎臉書專頁改名為「心地好一點、霸凌少一點」，同時結合社工力量，協助上千名霸凌受害者度過難關。

你可以掃描條碼，閱讀《鏡傳媒》關於楊又穎的報導。此外，臺灣還有很多關心霸凌受害者的機構，他們都充滿熱忱，希望共同防止網路霸凌：

【兒童福利聯盟文教基金會】https://www.children.org.tw

【婦女救援基金會】https://www.twrf.org.tw

【社團法人生命線】http://www.life1995.org.tw

二十四小時電話求助專線：1995

【張老師基金會】http://www.1980.org.tw

《鏡傳媒》
楊又穎的報導

假鬼假怪假新聞

一八三五年八月，美國紐約《太陽報》刊登一系列「月球表面發現生物」的驚人報導，分六天連載，假借英國皇家學會天文學家約翰．赫歇爾（John Herschel）之名，宣稱他觀測到月球有豐富生命跡象，甚至發展出高度文明。

這些文章言之鑿鑿，敘述赫歇爾如何發明高倍率望遠鏡，並藉由顯微鏡及投影技術，觀察月球表面的花果植物、飛禽走獸，甚至還有一種「蝙蝠人」，像人類一樣雙足行走，腋下有薄膜可滑翔飛行，文章配上栩栩如生的插畫，描繪一個生機盎然的月世界。

「月球發現生物」一事造成轟動，《太陽報》銷量急遽飆升，最後躍爲全美發行量龍頭。後來證實，這些文章由《太陽報》記者杜撰，只是冒用赫歇爾的名號，內容全爲虛構，後世稱爲「月球大騙局」。

時空跳到一百八十年後，美國正進行一場總統大選，川普與希拉蕊激烈角逐，網路上忽然冒出大量不利民主黨的新聞，例如名爲《基督教時報》的網站上，聲稱俄亥俄州某一倉庫「發現數萬張希拉蕊的舞弊選票」，並配上一名男子與選票箱的照片。這篇「新聞」迅速在社交網站爆紅，據統計，大約被轉分享六百萬次，迫使俄亥俄州務卿出面否認。

《紐約時報》事後追查，《基督教時報》是一個專門製造假新聞的網站，網站主人是二十三歲的大學畢業生卡麥隆．哈里斯（Cameron Harris），他自稱主要動機是金錢，光是這篇「舞弊選票」的造假文章，就讓他進帳五千美元的谷歌廣告收入，而他買下《基督教時報》的網域名稱，只需五美元。哈里斯抓住美國大選的對立氣氛，在自家公寓餐桌編寫情節聳動的新聞，就能驅使網友盲目分享。此事曝光後，他的網站被谷歌取消廣告聯播資格。

從《太陽報》到哈里斯，這世界一直在對抗「假新聞」，內容形式並無太大差異，媒體生態與傳播管道卻迥然不同。

十九世紀間，報紙如雨後春筍誕生，當時電報已能遠距傳送，國外奇聞軼事成爲吸引讀者的誘因；爲了出奇制勝，有些報紙聘用「虛擬特派員」，這些寫手坐在報社裡，靠著通訊社電報的簡短訊息，加油添醋捏造細節，謊稱自己就在現場採訪。《太陽報》更進一步，吹牛直接吹到月球上，那時代沒有電視、沒有網路，連電話都沒有，讀者查證眞假極爲困難，讓媒體經營者有了造假空間。

如今，網路高度普及、資訊快速流通，理論上，假新聞更容易被發現，類似主流媒體「腳尾飯」事件、「文旦丟棄水庫」風波，經常被揪出來撻伐。問題在於，製作假新聞不再是專業媒體的專利，臉書專頁、YouTube頻道、自稱「某傳媒」的不知名網站，都像是無數個哈里斯，具備散播謊言的巨大潛能。

有時候，甚至不需要專屬的社群頻道或網站，只要一張未標註來源的迷因圖，就可能承載錯誤或造假資訊，獲得數以萬計的分享轉傳。據研究，假資訊的傳播速度是眞實新聞的六倍，讓事後澄清顯得事倍功半，「駟馬難追」。

換言之，二十世紀之前的假新聞，如同《太陽報》的月球大騙局，問題出在資訊的「稀缺性」，只有少數媒體掌握傳播管道，一般人缺乏查證與反制的能力，造假訊息靠著口耳相傳，不斷擴大累積，形成「三人成虎」的說謊威力。

近年的假新聞，如同《基督教時報》的哈里斯，問題不再是訊息管道的稀缺，而是資訊的「通膨性」與「碎片性」，任何人透過網路及社交網站，都能以低廉代價創造傳播通路，讓整個數位世界快速、高效複製錯誤資訊，破壞力遠超過以往的人際傳播。

再加上臉書、Line群組等社群管道，創造所謂「同溫層」或「回音室」：社群平臺透過按讚或分享，收集用戶偏好，再透過演算法排除不同異見，不斷提供強化原有立場的貼文。最後，每個人的社群帳號像是不同的「資訊泡泡」，我們關在自己的泡泡裡，聳動的陰謀論與假資訊趁虛而入，像病毒感染一樣各個擊破。

總歸一句話，當代假資訊之所以威力強大、危害深遠，因爲「社群媒體時代已無權威消息來源，人人都是權威消息來源」。

因此，有人借用美國生物學家愛德華．威爾森（Edward O. Wilson）的觀點，解釋當前人類處境，正陷於「舊石器時代情緒，中世紀機構，神一般技術」的三重矛盾中。

一方面，人類仍難擺脫愛恨、貪婪嫉妒、部族歧視、地盤意識等原始本能，這是所謂「舊石器時代情緒」；另一方面，宗教、民族、國家、商業等「中世紀機構」進化有限，社會不公及地緣衝突難以弭平，經常引發人類社會的劇烈震盪。

然而，數位科技賦予當前人類高度連結、資料蒐集、大數演算等「神一般技術」，即使絕大多數人理性克制，只要極少數有心作惡，就能利用科技與社會的漏洞，藉此洞察人心、操縱風向，進而掌握顛覆文明的能力。近年來，無論美國或臺灣的選舉過程，都能看到社群網站對現實世界的挑戰。

所以，我們應該如何應對假新聞的衝擊？首先，是重新定義問題。

現代「假新聞」的來源、形式、動機極爲多元，不再停留在「月球大騙局」的媒體造假；因此，政治傳播研究者主張正名爲「假資訊」。

當我們談論「假資訊」議題，必須釐清是媒體錯誤資訊（例如文旦風波）、偽裝成新聞的捏造訊息（例如哈里斯）、極端意見或仇恨言論、來自政治人物的文宣黑函，才能夠精確理解問題本質。

其次，善用各種事實查核平臺。

正如前述，「同溫層」或「資訊泡泡」是假資訊傳播的關鍵因素。我們不應隨便相信來源不明的消息，內容越聳動、越應該細心查證，若無法查證，就暫且不要隨便分享，以免助長不實訊息繼續擴散。

我們可以借助各種查核工具或網站，辨識眞假資訊。例如臺灣的「事實查核中心」、瀏覽器套件「新聞小幫手」，前者是非營利組織，專門查證訊息眞假；後者透過網友協作追查，當你瀏覽新聞時，會自動警示問題訊息。

此外，針對Line群組的消息，訊息查證平臺「Cofacts 眞的假的」，及其延伸的對話機器人「美玉姨」，主動告訴你哪些熱門資訊有問題。臺灣類似的民間查核機制，還有「蘭姆酒吐司」、「My Go Pen」等，我們可以善用他們的打假成果，甚至成爲志工，加入查核行列。

最後，我們應該拿回資訊主動權。

在「讀者也是傳播者」的社群時代裡，最關鍵的元素是每一名網路使用者。當我們越早重視資訊素養，在社會傷害發生前就大聲示警、預作準備，一旦假資訊來襲，傷害將會降至最低。例如，芬蘭教育體系從中小學就開始認識假資訊，將事實查核、批判性思考與選民識讀相結合，讓學生從小思考：點閱與按讚背後潛藏的正反力量。

針對成人，國外則透過圖書館系統、社區、學校與專業媒體合作，不斷培養對抗假新聞的資訊抗體。

好消息是，當我們認眞看待假新聞現象，我們不只在防堵謠言造成的社會紛爭，也在修復網路資訊體系。如果，科技平臺、內容生產者、讀者、廣告主都能以更多「好新聞」，取代哈里斯式的網路詐騙，或許，我們就有機會重建一個値得信任的公共空間。

假新聞

近年，「假新聞」（fake news）成為全球性議題，然而歐美傳播學者主張細分為misinformation 與disinformation，前者意指「錯誤訊息」，強調與事實不符，可能是無心傳播，並非惡意；後者是「造假訊息」，強調刻意扭曲變造，具備特定目的。

區分兩者之後，我們更容易判別網路假資訊背後，哪些是人際誤導的分享行為，哪些是商業利益或政治動機的有意操作，或俗稱「帶風向」。因此，對於聳動的網路訊息，我們不必急著分享，而是小心查證，確認後再分享；或利用查核機制提出佐證，勸阻親友傳布假訊息。

就像文中提及，假新聞危害嚴重，正因網路的快速滲透性，加上社群媒體與通訊軟體造成的「同溫層」現象，讓我們容易關在自己的資訊泡泡裡，被假新聞各個擊破。關於資訊泡泡的形成，可掃條碼觀看發明此一名詞的伊萊．帕理澤（Eli Pariser），他在TED演講裡，意簡言賅點出資訊偏食的危害。

伊萊．帕理澤的
TED演講

大數據的美麗與哀愁

近年來，「大數據」變成熱門新聞詞彙，但是，如何一句話描述大數據？賣個關子，先講一個科技夢。

生於一九一六年的雅克．法斯科（Jacque Fresco）是個傳奇人物，他經常被稱爲「未來學家」。一九八〇年代起，他就鼓吹一個完美的未來世界：一個不需要貨幣、由電腦自動分配資源的人類社會。

爲了讓夢想具象化，法斯科在美國佛羅里達州鄉下，買了二十一英畝的荒地，開始建造理想中的社區，名爲「維納斯計畫」：居民住在充滿科技感、與生態共存的低矮圓形房舍，這些房舍圍繞著一棟巨大的社區中心，這棟中央建築透過數據的分析與精算，控制水、電、食物等資源，自動配送到周圍民宅。

在法斯科的構想裡，這種「資源導向的經濟模式」，扭轉現今消費導向的資本主義模式，讓人類不致耗盡地球資源，同時避免貧富不均與生態浩劫，甚至直接廢除貨幣，一切以數據爲基礎。多年來，法斯科提供維納斯園區的導覽活動，每一家庭收費兩百美元，同時靠著演講、寫書、製作建築模型，維持此一計畫運作。

然而，「維納斯計畫」一直始終停留在實驗階段。二〇一七年，一百零一歲的法斯科去世，計畫由繼承人接手營運。

「維納斯計畫」堪稱大數據社會的一種原型，意指「以大量數據爲運算基礎，濾除雜訊後，找出有意義、可運用的即時資料」，唯有仰賴這種資料探勘科學，才可能實現法斯科想像中的人類烏托邦。

如今，我們活在另一種「維納斯計畫」裡，只不過，統一收集、運算、分析的目標物，不再是生存物資，而是我們的日常行爲、網路足跡、購物偏好、政治立場……。一方面，數位科技實現大數據的便利性，亞馬遜網站崛起之初，仍自稱「地球表面最大書店」，當時最讓我驚豔的功能，就是它會主動推薦我有興趣的書籍，而且準確度極高。

當年，「資料庫關聯度比對」是亞馬遜的一大暗器，現在早已不足爲奇，Netflix自動列出我們愛看的影集，訂房網站爲不同旅客量身提供住宿優惠，電商平臺「猜你喜歡」的演算機制讓人忍不住破鈔。

當我們謹慎善用大數據與資料庫，就可能造福人群、增進彼此溝通理解，像是越來越多臺灣媒體，近年靈活運用「資料新聞學」與「視覺化圖表」，以數據資料取代文字，創造活潑的議題報導，就是很好的例子。

二〇二〇年疫情期間，臺灣透過「口罩地圖」提供公開資訊、以手機訊號追蹤鑽石公主號等旅客的接觸史，都適時發揮重要防疫功能，衆多資訊應用背後，與衛福部「健康雲計畫」等雲端資料庫也息息相關。

此外，各種運動比賽應用大數據分析，讓球隊或運動員發揮自己的優勢、改進自己的缺陷，甚至像電影《魔球》劇情，「棒球計量學」等數據科學，大幅改變了職業運動的面貌。

凡事都有陰陽兩面，另一方面，大數據濫用也帶來各種隱憂。Gmail曾被批評，利用自動機制掃描用戶信件內容，再透過大數據媒合廣告，後來因質疑聲浪太大，才停止此一窺伺隱私的商業行爲。或像是掃地機器人一面打掃吸塵，一面也會收集用戶家中的面積格局等圖資，這些資料曾考慮賣給蘋果或谷歌，作爲商業使用，因而飽受抨擊。

演化至今，亞馬遜早已不只是一家「書店」，它自我定位是「以資料及商務爲核心」的科技公司。隨著商品線不斷擴充、銷售規模逐漸擴大，亞馬遜不斷壯大優勢，運用大數據分析，讓資料庫與物流配送系統持續優化，包括「人的資料庫」與「物的資料庫」。

這正是亞馬遜可怕之處，美國電視媒體CNBC曾分析：「當谷歌只知道人們在搜尋什麼、臉書只知道人們的興趣喜好及人脈連結，只有亞馬遜精準掌握消費者購買哪些商品，以及他們的購買頻率。」然而，這類商業行爲，引發大數據侵犯隱私的疑慮。

美國喬治城大學法律學者保羅．歐姆（Paul Ohm）舉例，大賣場根據購物行爲，已能鎖定哪些顧客是孕婦，甚至精準預測她們的預產期，不斷發送嬰兒車等商品行銷信；最後，企業將知道一些我們自己都不知道的祕密，拿來作爲盈利的籌碼。他呼籲，政府與企業必須審愼應用大數據，否則，這一切將不只「個人隱私」層次，而是一場社會性災難。

另一位作家凱西．歐尼爾（Cathy O'Neil）提出類似警告，她自小熱愛數學，曾在哥倫比亞大學、麻省理工學院從事數學研究與教學工作，也曾在華爾街擔任量化分析師。她橫跨理論與實務，寫了一本《大數據的傲慢與偏見》，將大數據演算法比喻爲一種「數學毀滅性武器」，她以教學評鑑、假釋審查、網路廣告爲例，指出大數據如何處處被誤用、濫用。

書中，歐尼爾列舉各種糟糕的故事，有些企業利用大數據核算保險費率、銀行貸款利率，結果變相懲罰弱勢與窮人，讓他們的經濟負擔更沈重。歐尼爾因而批評演算法變成一種神祇，隱形，至高無上，權力無限，且不受監督。

談完大數據的美麗與哀愁，最後，我又想起雅克·法斯科，他活了超過一世紀，終其一生，都未能看見那個「廢除貨幣，完全由電腦控制並分配資源」的人類社會。他的理念是崇高的，然而，我們願意活在如此高度控制、被數據與電腦主宰的烏托邦嗎？萬一他的構想被誤用，會不會造成難以預期的毀滅性後果？

一葉知秋，「維納斯計畫」如此，我們面對的大數據世界也是如此。

大數據

「大數據」的原意，其實是指資料量龐大的數據，在網路及高效運算電腦出現前，這類資料很難被有效運用，例如全臺灣圖書館最常出借的書籍、報紙讀者最喜歡閱讀的新聞類型……，這些資訊分散各處，幾乎無法分析。

直到數位化時代來臨，網際網路連結海量的電腦終端，加上資料探勘等技術日漸成熟，大數據也在各領域普及應用。如今，小自新聞網站、電商平臺，大到國家級資料庫、跨國科技企業，都能運用大數據，進行各種分析、預判與服務。

不過，大數據也帶來各種挑戰，等待我們修正克服。專門研究網路科技的社會學家齊普納．圖菲西（Zeynep Tufekci），在TED演講中，分析社群平臺的「說服架構」，如何透過逐漸失控的大數據，讓我們的社會日益分歧，難以對話。

齊普納．圖菲西
的TED演講

科技素養好好玩

數位公民大補帖

引言

科技素養好好玩：數位公民大補帖

陳韋凡是一位資策會工程師，二〇一七年起，他利用物聯網技術，協助改造松山車站等公共空間的「智慧公廁」，透過感測器，即時反應衛生紙、洗手乳等備品短缺，偵測氣體中臭味提醒打掃，進而提升公廁品質，減輕清潔人員的巡視負擔。他曾自嘲，自己是「全臺灣跑過最多女廁的男性」。

賽爾澤（Olivia Seltzer）十二歲時在美國加州念中學。當時的她有感於傳統媒體都是「大人寫給大人看」，於是創辦一份網路新聞信「the Cramm」。她每天清晨五點起床，利用上學前空檔，廣泛閱讀各家媒體新聞，每天整理三十則重要訊息，以年輕人容易理解的語言，加上自己的詮釋，讓新聞「更具吸引力、資訊性，並易於消化」，吸引了三十二個國家的青少年來訂閱。

這只是兩個小例子，卻具體說明科技如何改變人類社會。除了印刷術、蒸汽機、電燈，少有單一發明像網際網路，如此澈底滲透我們的日常生活，改變我們文明樣貌。

當此之際，我們如何精確理解科技世界的變化？如何「役物，而不役於物」？如何利用資訊工具創造人類的最大幸福，同時避免濫用科技伴隨的混亂災難？這是一〇八課綱「科技課綱」的宗旨，也是本書的終極關懷，我放入四篇文章，分別切入幾個重要面向。

首先，我們從一〇八課綱的「資訊科技與媒體素養」出發，辨別相關「技能」與「智能」的差異，進而以法國中學教育為例，比喻「媒體識讀」與「資訊素養」的關係，就像「大腸包小腸」，兩者互為表裏，讓效果相乘。

其次，本章分別探討「網路隱私」與「網路成癮」兩大議題，讓我們享受數位資訊的豐富饗宴，卻不被糾纏綑綁。最後，臺灣除了晶圓、半導體等「科技硬實力」，有一項常被忽略的「科技軟實力」，就是活躍積極的網路公民社群，g0v零時政府的例子提醒我們，數位公民可以扮演正面角色，共同打造更好的世界。

科技素養的「大腸包小腸」

十二年國教一〇八課綱上路，引發眾多期待，其中，中學生科技課綱強調「運算思維」及「設計思考」，學習重點包括演算法、程式設計與資料分析；整份課綱鉅細靡遺，甚至從「科技產品的保養與維護」到「機器人專題」，都羅列其中。

讓每個學生都有編寫程式的入門能力，當然是件好事。相對的，這份課綱雖提及「資訊科技與媒體素養」，具體實踐方法卻稍嫌模糊。臺灣師範大學傳播學者陳炳宏曾指出，新課綱偏重程式編寫等「技能」，卻輕忽了媒體素養等「智能」。網路素養、資訊倫理、數位公民等認知能力，爲何非常重要？如何善用網路、辨別資訊好壞等「智能」，爲何應該列入科技課綱的核心？或許，我們可以問問克里斯．魏瑟瑞爾（Chris Wetherell）。

魏瑟瑞爾是矽谷頂尖的程式開發者，曾任谷歌工程師，後來被推特挖角，負責開發「轉推」功能。推特剛誕生時，被稱爲「微網誌」，鼓勵用戶以一百四十字內的篇幅，紀錄動態、發抒心情，若要轉貼外部文章或影片，必須手動貼上連結，才能發表貼文。

二〇〇九年，魏瑟瑞爾帶領的團隊推出「轉推」按鈕，從此網友一鍵就能推文，不必再複製貼上；加上美國二〇一二年大選前，新聞記者紛紛利用推特，作爲發布即時報導、分享新聞連結的工具，推特不再只是分享個人心情的樹洞，而是影響力巨大的傳播管道。

臉書隨即跟進，推出「分享」功能，兩大社群平臺爭相成爲資訊傳播中心，沒料到，政治矛盾與社會怨氣隨之而至；另一方面，推特成爲網軍必爭之地，充斥著假帳號與機器人帳號，讓推特官方防不勝防。

二〇一九年，早已離開推特的魏瑟瑞爾接受媒體專訪，開宗明義表示，如今，推特充斥著酸民文化、惡毒霸凌、造假資訊、政治操弄，讓他後悔設計出「轉推」功能，「彷彿將一把裝滿子彈的武器，交給四歲孩童」。

魏瑟瑞爾認爲，以往，網友至少會閱讀內文，自行摘要或複製重點，再發布推文；如今，由於轉推太方便，在網路暴動氣氛下，往往「未看先推」，連思考、查證的機會都沒有，因而加速仇恨情緒或陰謀論傳播，看著網民快速集結、形成意見風向、鎖定目標打擊，魏瑟瑞爾意識到，「這並非少數網友的異常行爲，或許，這正是人類的行爲模式」，讓他不寒而慄。

隨著網路意見氣候日益極端化，逐漸走向《紐約時報》記者形容「憤怒的線上遊戲」，魏瑟瑞爾自責說：「我們創造了攻擊管道，卻沒有建立防禦機制」。

無獨有偶，早在二〇一七年，開發臉書「按讚」功能的工程師賈斯丁．羅森斯坦（Justin Rosenstein），就告訴英國《衛報》，「按讚」功能提供用戶一種「虛假的愉悅」，造成網路成癮、浪費生命，他早已移除臉書的手機App，並限制自己在桌機使用臉書的時間上限。

《衛報》訪談中，羅森斯坦講了一句意味深長的話，他說，對於程式開發者而言，「以最良善的意圖創造事物，卻產生意料之外的負面後果，是很常見的事」。推特的「轉推」、臉書的「按讚」，足證即使矽谷頂尖工程師，都難以預見自己製造的負面衝擊，大多時候，他們只考慮程式是否好用、功能是否強大、是否為公司創造流量及營收，太少思考程式碼背後，是否潛藏威脅或副作用。

這些例子說明一件事：「成為程式設計師之前，應先成為一名敏銳、深思、具備社會意識的數位公民」。好消息是，由於近年爭議不斷，越來越多矽谷工作者，開始挺身反對自家公司濫用技術力量，例如，谷歌及亞馬遜員工抗議以人工智慧監控民眾或製造武器、矽谷千人聯名反對種族歧視的大數據資料庫。

回到臺灣的一〇八課綱，當國中生寫下第一行程式碼前，最好以同等慎重，理解數位科技如何衝擊人類文明，理解社群平臺的威力與威脅。尤其在網路訊息混亂、媒體生態失衡、假資訊不斷升級之際，如何善用數位工具、辨別網路資訊、建立公民意識，絕對比「如何寫程式」更加重要。

其中，法國經驗可作爲借鏡。

幾年前，《查理週刊》慘案、巴黎恐怖攻擊等事件期間，網路訊息的混亂、惡意，讓法國朝野意識到數位素養的急迫性。二〇一五年起，法國政府推動龐大的網路識讀計畫，每年三萬名教師及教育工作者接受培訓，在中學開闢課程，從「如何辨識假資訊」開始，教導中學生理解網路世界的陰暗面、保護自己的線上人權。

在文化部與教育部協同主導過程中，法國政府積極借助記者組織的力量，例如名爲「紘外之音」的非營利團體，擁有一百五十名記者志工，他們每年在校園舉辦超過五百場工作坊，課堂中，他們以推特與YouTube爲例，告訴學生如何辨識假資訊，教導使用查核工具與技巧，甚至以現實選舉爲例，分析政黨人物與假資訊之間的權力關係。

另一方面，他們分享專業記者蒐集資料、查證細節的基本功，希望有助於學生追蹤資訊來源，協助年輕世代辨認值得信任的新聞報導，針對品質低劣的媒體抱持批判態度，又不至於以偏概全，全盤否定媒體功能。

「絃外之音」發起人珊卓．拉楓（Sandra Laffont）說，在教導學生何謂假新聞或陰謀論之前，他們先剖析「什麼是新聞，誰生產新聞，如何確認新聞來源」。法國準備將這些媒體與網路素養課程，加入全國性課綱，教育學者則呼籲比照數學與歷史，同樣列爲必修課程。

法國經驗提供一個很好的樣本，在他們眼中，「媒體識讀」是「數位素養」的核心，「數位素養」則是「媒體識讀」的延伸，兩者之間就像「大腸包小腸」，分而烹食，各自成立，若能一兼二顧，互爲表裏，則效果相乘，滋味加倍。最重要的觀念是，當前科技素養的核心能力，不只是寫程式或保養科技產品，更在於利用這些程式與3C產品，創造一個開放、平等、尊重、負責的數位公民社會。

哲斌大叔的素養概念開箱文

資訊素養

「資訊素養」是本世紀開始廣泛討論的概念，美國德州大學圖書館網站解釋，資訊素養是一種「讓人更有效選擇、尋找及評估傳統及線上資源的技巧」。

近年來，隨著社群網站、通訊軟體等新型溝通工具崛起，加上假資訊、同溫層等傳播現象，資訊素養不再只著重「情報蒐集技巧」，逐漸轉向「資訊蒐集過程的篩選、判讀、批判性反思」，著重資料應用的合宜性與正確性，並促成一個更好的數位公民社會。以往，我們大多強調媒體素養，如今在數位閱讀躍為主流之際，更應擴大為資訊應用的整體素養。

聯合國教科文組織官網闢有「媒體與資訊素養」專區，強調資訊素養是數位世界的基本人權，專區提供各種相關資源與教材，可以參考二維條碼連結。

聯合國教科文組織官網的
「媒體與資訊素養」專區

網路隱私的「數位防身術」

如果你有臉書帳號，不妨動一下手指，右上角選單有個「設定」按鈕，點進去，花五分鐘研究左側欄位那些「隱私」選項，對你而言，絕對是一筆划算交易。

近年有種流行說法是，「數據資料已取代石油，成爲二十一世紀最值錢的資產」，換言之，你的隱私就是別人的油礦。

不過，這篇文章不只談臉書，而是談網路時代的隱私，還有，爲何你需要「數位防身術」。

「隱私」是一種多元流動的概念，窗簾代表一種隱私，提款卡密碼是一種隱私，筆電防窺貼片是一種隱私；在我讀高中的年代，「隱私」意味著上鎖的日記本、筆友祕密通信、父母進房間前先敲門。

如今在網路上，瀏覽紀錄、按讚喜好、地理位置、生物辨識（指紋或臉部特徵）、人際圖譜、基本個資（生日、住址、手機號碼、年收入）等，這些看不到的數據，都是商業可變現、政治可操縱的黑箱資料。

有時候，我們會嘲笑網站密碼設為「1234」或「password」的長輩，然而，數位時代的隱私概念，遠遠不只密碼安全性，以下是快問快答，測驗你的隱私知識庫：

——你是否知道，有些AI變臉程式、免費拍照App或人格測驗遊戲，目的是蒐集你的個人資料、臉部特徵及人際圖譜，然後轉手獲利？

——你是否知道，蘋果的Siri、亞馬遜與谷歌的智慧音箱、臉書的語音通話，會被偷錄下來，交由人力監聽並抄錄，理由是「優化人工智慧」？

——你是否知道，YouTube與抖音都因未經監護人同意，違法蒐集兒童隱私，被美國政府重罰？

這些例子，說明數位時代「隱私」的高度複雜性。關於網路隱私，當前兩個最重要挑戰是：

第一，當我們同意使用某一網路服務，經常自願交出私密資料。然而，我們完全不知道，誰可能取得這些資料，又會用在哪些地方？電話行銷？選舉宣傳？或被不斷轉賣，從此流通在地下黑市裡，淪為「個資狂歡派對」的一部分？

第二，即使知道這些隱憂，但為換取數位生活的便利，我們經常樂意貢獻隱私，有沒有維護個人權益的防火牆？如何不放棄強大的數位工具，仍能避免私人資料被濫用？

對於人類社會，這是一個新興難題，我們還在摸索平衡之道，截至目前，有三個重要概念，還有四種隱私防身術。

一、資料財產權：

我們上傳IG的照片、在TikTok分享的影片、在臉書與親友互動的貼文、在LinkIn留下的學經歷，這些資料，究竟屬於我們自己的？或等於我們奉送給科技公司？

科技公司往往宣稱擁有用戶上傳的資料，寫在幾乎沒人細讀的使用條款裡，於是，我們珍貴的照片、影片或文字創作，只要一上網，就變成科技公司的財產；即使我們刪除帳號，這些資料會永久儲存在社群平臺的伺服器裡，任由他們分析、運用。

由於「劍橋分析」等風波，近年，「資料財產權」成爲一項重要倡議，白話文來說，網路隱私就是個人資料的控制權，例如永久刪除、打包帶走、跨平臺互通的權力。

歐美各國開始立法防止個資濫用或外洩，例如歐盟的《一般資料保護規範》（簡稱GDPR），明文加強個人資料的控制權，包括被遺忘權、資料求索權、資料可攜權，並要求賦予個人更高的知情權及掌控權。

二、數位公民權：

聯合國將網路隱私視爲一種基本人權，逐漸形塑出「數位公民權」的概念，涵蓋上網自由、網路言論自由、免於網路霸凌的自由，也包含隱私不受侵犯的自由，以及參與網路政策制定的權利。

舉例來說，隨著人工智慧、大數據資料庫、臉部辨識等應用成熟，政府監控成爲隱私侵犯的熱門議題，無論是史諾登（Edward Joseph Snowden）揭發的「稜鏡計畫」、美國加州等地禁止臉部辨識監控，或者，臺灣新版數位身分證的流程架構、健保卡資料庫疑慮，都必須在公開透明的政策討論中，提供公民檢驗，尋求各方審議。

三、消費自主權：

一如民主投票、食品安全或購物權益，在隱私議題上，「個體自覺」同樣是關鍵環節，當我們使用網路服務，必須追問要填寫哪些資料？爲什麼？你是否信任這項服務？可能暗藏哪些陷阱？網路上有很多隱私教學文，以下提供四個原則：

1. 最低程度授權：可能範圍內，減少授權程度，可降低資料外洩風險。例如，照樣使用臉書，但將朋友清單設爲自己才看得到、禁止他人標註你……等等；使用 Instagram 時，設定爲不公開，只有好友才看得到你的照片；或例如，善用瀏覽器或特殊軟體的「禁止追蹤」功能，讓科技平臺及網路廣告不易利用你的網路足跡牟利。

2. 最少個資洩漏：除非是信任的私人通訊，否則絕不在公開網頁留下電話住址、求學與工作經歷等資料；減少打卡，避免行蹤被掌握；除非必要，例如使用網路地圖，否則盡量關閉手機定位。總之，你不會隨便告訴路人的資訊，也不要任意交給網路。

3. 最小風險控制：避免非必要的第三方服務，例如可疑的拍照軟體、變臉遊戲或網路心理測驗。當你不得不使用某些網路服務，仔細研究它們的第三方條款，臉書的例子告訴我們，第三方服務往往是重大資安漏洞。還有，不要貪圖方便，直接拿谷歌或臉書帳號申請其他網路服務，建議重新開帳戶、使用不同密碼，等於在不同平臺服務之間，建立個資防火牆。

4. 最大選項嘗試：網路服務一大麻煩是，「一旦習慣，就再也回不去了」，臉書或IG就是最好例子。但是，我們永遠可以探索不同選擇，例如，你若擔心谷歌知道你太多秘密，可以改用隱私性較佳的DuckDuckGo，以火狐或Safari瀏覽器取代

Chrome。網路上還有完全逃離谷歌教學文。或許你不必如此決絕，但是，請保持好奇心與開放性。

還有，如果你不信任通訊軟體 WeChat 與臉書 Messenger，或認爲 Line 太商業化，可以試試 Telegram 或 Signal，當然，你必須把親朋好友拉進來，這也是最麻煩的一步。當科技平臺大者恆大，用戶權益反而被限縮。正因如此，歐美近年掀起一股「反科技壟斷」風潮，主張拆分壟斷市場的科技公司，打造較公平競爭的資訊環境，進而保障個人隱私權益。

好，結論來了。隱私是一個持續演進的概念，當這些私密個資累積堆疊，終究會構築一個人的存在、自尊、身分、資產。而且，隱私也是一個終身議題，伴隨我們「從搖籃到墳墓」，前者像是，父母有無權利公開分享嬰幼子女的照片；後者則如，當我們死後，社群帳號及電子信箱如何處理。

因此當我們連上網路，應該進行勇敢而謹慎的探索，妥善自我保護並貢獻社群；未來可以運用各種方法，持續爭取自己的隱私權益，包括法律的、科技的、倫理的規則制定。

這條路沒有盡頭，因爲，我們都已在這條「以網路爲名」的光纖路上。

網路隱私

如果，你還需要更有說服力的例證，Netflix有兩部很受歡迎的紀錄片《個資風暴：劍橋分析事件》、《智能社會：進退兩難》，看完讓人心底涼颼颼。

隨著大數據、雲端資料庫、人工智慧等技術不斷成熟，交互應用下，現代的隱私挑戰越來越大，其中有兩個關鍵觀念，一是「數位足跡」，一是「臉部辨識」。若要避免留下太多「數位足跡」，就要隨時警覺，盡可能不要打卡、減少上傳自己或親友的臉部照片，也不要在網路公開分享個人資料，包括姓名、就讀學校、住址、電話等。

其次，若不希望自己的照片或影像，成為「臉部辨識」資料庫的分析對象，同樣盡量不要曝光自己正面臉部的照片，小心設定臉書等隱私功能，避免別人在照片標註你的名字。萬一，一定要上傳照片，可以利用芝加哥大學研發的開源軟體Fawkes，經過此一軟體處理的照片，可以阻絕大多數的臉部辨識演算法，讓它們失去辨識能力。相關資料，可以參考條碼文章。

AI工具Fawkes
保護照片隱私

網路是毒品？如何善用數位光陰

Netflix紀錄片《智能社會：進退兩難》中，引用一位耶魯大學教授的名言，將社群平臺與毒品相提並論。無獨有偶，我兒子的數學老師也形容，「手機遊戲是一種電子海洛因」。

將網路產品比喻爲「毒品」，已是近年流行的比喻，然而，眞的有這麼嚴重嗎？

我始終認爲，網際網路是人類二十世紀最重要的發明之一。一方面，我無法忍受回到沒有網路的時代，連想像都不能；即使出國旅遊，短短幾天，我必定租購分享器或電話晶片卡，拿來查地圖、天氣、交通路線、覓食選擇，或藉此與失散的老婆大人異國重逢。

網路解放了人類獲取資訊的能力，同時打破時間與空間的物理限制，這絕對是科技帶來的文明突破。有一句玩笑話：這時代的人類基本需求是「陽光、空氣、水與Wi-Fi」，我哈哈笑著同意。

另一方面，隨著日常依賴越來越深，網路帶來的威脅也越來越清晰，例如，科技作家尼可拉斯．卡爾（Nicholas Carr）入圍普立茲獎的《網路讓我們變笨？》，書中引用大量科學研究，試圖警告我們：由於網路成癮，人類心智變得不易專注，傾向接收零碎無系統的資訊，深度閱讀與思辨能力也隨之衰退。

二〇二〇年底，法國權威神經科學家德斯穆格出版《數位白癡工廠》一書，他研究發現，由於兒童普遍濫用科技裝置，對腦部發育造成負面影響。書中宣稱，人類智商首度出現隔代倒退的現象。

不管科學家是杞人憂天或證據確鑿，我相信，世間萬物大多「過猶不及」，我們如何一方面享受數位科技的美好與便利，另一方面避免過度依賴網路，無法自拔？崔斯坦．哈里斯（Tristan Harris）的故事，或許能提供解答。

哈里斯曾是谷歌產品經理，他當時發現，科技公司爲了追求獲利，過度鑽研用戶黏度；越來越強大的數據分析工具，又讓產品開發者藉由介面及功能設計，找出讓用戶成癮、擴大病毒效應的機制，最具代表性的是臉書「讚」、「分享」等數字通知，以及各種手機提示訊息，它們讓人忍不住一直滑開手機、點進App，想知道「誰又按我讚了」、「誰誰誰的留言寫了什麼」。

因爲如此，哈里斯二〇一三年撰寫一份內部文件，呼籲產品開發人員尊重用戶，避免過度剝削網路注意力。這份文件在矽谷爆紅，尷尬的谷歌主管因而頒給哈里斯一個「設計倫理師」職稱。但是，那份迴響熱烈的文件，在谷歌高層冷處理下，結果不了了之。

後來，哈里斯決定離職，創辦名爲「善用光陰」的倡議組織，批評科技公司濫用隱私、助長假資訊、造成手機成癮及政治極化等現象；他倡導「人道科技」的理念，鼓吹矽谷企業不能一味追求用戶成長與獲利，必須兼顧社會永續與民主價值。

他的倡議博得不少共鳴，「善用光陰」成爲科技圈流行語，谷歌與蘋果手機陸續推出警示網路成癮的功能，「善用光陰」一詞也被臉書的馬克祖克伯挪用，開始調降臉書專頁觸及率，強調親友貼文的人際互動。

回到我的親身經驗，作爲一名數位科技的專欄作者，三十五歲在新聞網站工作、三十九歲寫部落格、四十三歲開始用智慧手機、曾經每天花四小時逛臉書，我充分體會數位世界的強大、迷人與危險。

尤其，我在撰寫專欄過程中，常接觸青少年3C成癮或社交媒體憂鬱的國外研究，例如二〇一九年九月，美國精神病學期刊的一篇論文，指出每天使用社群媒體超過三小時的青少年，明顯容易出現抑鬱、焦慮或攻擊性行爲。

英國**BBC**曾報導，現代文明社會裡，兩歲幼兒每天的「螢幕時間」約近三小時，意即看電視、平板或手機的總時數，八歲兒童每天約五小時，青少年每天超過七小時。加總下來，當他們十八歲時，花在各種螢幕的娛樂時間，約等於一名全職成年人十六年的工作總時數。**BBC**批評，這完全是失去理智的行爲，父母難辭其咎。

報導提及臺灣的《兒童及少年福利與權益保障法》，將濫用電子產品與抽煙、飲酒、吸毒並列，明訂爲兒童和少年不得從事的行爲，一旦觸犯，父母或監護人會受到罰款，**BBC**認爲這是一種前瞻性立法。

加上我不斷讀到賈伯斯、比爾蓋茲等科技大老，在家嚴格限制小孩使用手機的報導，加深我對「電子保姆」的警覺。因此，當我成爲父親，從兒子懂事開始，我們不斷透過家庭討論，摸索出幾個原則：

一、循序漸進：網路及手機是好東西，但很傷眼力，也容易上癮，而且易放難收，所以不能任意吃到飽，必須階段性循序漸進，學習與科技工具相處，也學習與自己相處，在此同時，我鼓勵他們盡可能閱讀紙本書。

二、設定上限：他們小學六年級開始，就能擁有第一支智慧手機，但只用預付卡，便於節制自己的上網流量。此外，「設定螢幕時間上限」是一個很好的練習，在他們不同階段，協商每天螢幕時間的合理上限，涵蓋電視、筆電、平板與手機的總時數。

三、區分用途：螢幕時間區分出「學習型用途」與「休閒型用途」，他們不管是自己的手機或借用爸媽手機，週間上網以查資料、輔助學習或創作爲主，週末拿來玩遊戲或看娛樂影片，週末的螢幕時間上限也會同步提高。

四、宜大不宜小：科技工具體積越小、便利性越高，也越傷害視力、越容易成癮。因此，我交接一臺舊筆電給兒子，鼓勵他們上網盡量用筆電。至於電玩遊戲，我不排斥他們玩手遊，但更鼓勵他們接上PS4等遊戲機，全家一起同樂。

五、延遲享樂：「延遲享樂」是另一個值得嘗試的觀念，我家兩兄弟對數位工具的迷戀程度不同，弟弟往往提出較多上網需求，我會與他討論，這些需求是生活與學習的「必要」，或只是「想要」，如果是前者，我會給予比較大的開放空間；若是後者，我會鼓勵他延遲需求。

例如，他小學時，想與同學連線玩手遊，我會讓他等到週末或寒暑假再玩，而非隨時「吃到飽」。或者，他想下載Line與同學聊天，我建議他上國中再使用，不要太早黏在通訊軟體裡；美國法令規定，十四歲才能自由使用網路社交工具，除了隱私與霸凌等考量，也擔心青少年過早網路成癮。

六、離線場景：每個人都應該設定一些「無手機場景」，例如睡前一小時，杜絕聲光干擾睡眠，或與家人朋友的共餐場合，避免吃飯滑手機。美國年輕人曾流行一種「手機大挑戰」，意即朋友聚會時，所有人都將手機放在桌上，螢幕朝下，不准碰觸，專心珍惜相聚時刻，直到活動結束。期間，若有人忍不住查看手機，就必須請客埋單。

我知道這些規定，有時有點殘忍，但是別忘記，眞正的生活不只在螢幕裡，更在螢幕之外。除了手遊的迷人世界，我們還可以去打棒球、去逛街、去看風景、去攀岩、去圖書館借書、去拜訪珍愛的人，「善用光陰」既是螢幕裡的光陰，也代表離線後的光陰。

一寸光陰一寸金，數位時代尤其如此，期望我們珍惜網路上每一次遇合、每一段對話、每一句文字，細心區辨眞假與善惡，清楚知道虛擬世界的互動，往往與現實世界連動。這是一場無盡的知識探索，也是一段心靈的冒險旅程，但願我們豐收飽滿，不致辜負網路這項偉大發明。

哲斌大叔的

素養概念開箱文

網路成癮

「網路成癮」已是全球性議題，二〇一九年，世界衛生大會（WHA）一個委員會決定，將在新版國際疾病分類標準中，將電玩失調現象列為精神疾病，預定二〇二二年生效。消息傳來，電玩遊戲產業大國南韓強烈反對，凸顯此一議題的複雜性與衝突性。

另一個有趣案例是，日本香川縣通過法律條例，明定未成年人平日打電玩不得超過一小時，一名高中生強烈反對，透過集資平臺募集訴訟經費，在母親陪同下控告香川縣政府違憲，並要求國賠。

在臺灣，《親子天下》雜誌曾針對家中有十五歲以下兒女的家長，進行一項網路行為調查，「網路成癮」名列家長最憂心問題的第二名。其實，如何與數位科技相處，以「適度自律」取代「過度他律」，已是全年齡的重要功課。詳細報導可掃描條碼連結。

《親子天下》雜誌
網路行為調查報導

阿宅改變世界！數位公民啟示錄

在臺灣，很少人沒聽過唐鳳的名字，她甚至登上國際各大媒體，被視爲政府組織年輕化、公民參與數位化的正面象徵；不過，很多人不知道，唐鳳擔任數位政務委員之前，早已深度連結一個網路社群，一個名爲「g0v零時政府」的公民團體。

這是一個奇妙的團體，由一群軟體工程師、網頁設計師、社運工作者、統計學專家及文字工作者義務組成，g0v的0，意味著「從零出發」，重新思考政府的角色；0也代表數位世代從0與1世界起步，「寫程式改變社會」的願景。

其中，唐鳳、高嘉良、吳泰輝等人都是早期投入者，g0v 沒有實際領導人、理事長或執行長，非常符合「開放原始碼」的精神，去中心化組織、靈活協作，每位參與者的地位平等，都可以出點子挖坑（提出專案建議），也可以捲袖子入坑（投入專案開發執行），他們的座右銘就是「沒有人哲學」：

「不要問爲什麼沒有人做這個，先承認你就是那個『沒有人』。」

「『沒有人』是萬能的。」

這兩句雙關語背後，g0v 期許所有人都是「沒有人」，自己跳下來行動，破除網路上都是酸民、只會抱怨不會建設的刻板印象。唐鳳曾形容，「g0v 其實是一個想法、一種作法，或是一種空間，它並不是一個組織。」二〇一二年正式發動後，活躍程度曾被認爲與美國 Code for America、英國 Open Knowledge 並列全球三大公民科技社群。

時至今日，即使你在街頭與 g0v 參與者擦身而過，幾乎不可能認出他們；但是，一不小心，你就會在網路上看見他們的創意，以下是幾個例子：

二〇一二年，吳泰輝與幾位友人報名參加Yahoo的科技專案競賽，他們以「政府預算視覺化」為主軸，將冷硬、瑣碎、龐大的政府預算數字，透過資料庫化及圖像化，變成一目瞭然的互動圖表，讓一般民眾更容易理解政府財源的流向。

二〇一三年，「假新聞」還沒受到廣泛注意，軟體工程師王向榮發現網路充斥大量謠言，於是開發了瀏覽器擴充功能「新聞小幫手」，任何人安裝後，都能檢舉錯誤新聞，並附上查核資料與連結；當其他網友瀏覽同一則新聞，就會自動跳出警示，降低假資訊誤導或傳播的機會。

二〇一四年，g0v透過群眾外包方式，將政治獻金申報數位化。臺灣雖然有《政治獻金法》，但政治人物收受獻金的資料並未上網，一般人只能到監察院申請影印紙本，由於資料量極為龐大，幾乎不可能獨力完成。

因此，g0v發起「監察院調查兵團」，參與者各自認養資料範圍，進入監察院影印資料，掃描影印圖檔上傳，再透過自行開發的辨識軟體，將影像轉成數位。二十四小時內，就完成辨識兩千六百多份文件、三十多萬筆立委政治獻金資料。

g0v社群的努力，逐漸獲得企業與政府機關的認同，例如，行政院開始與g0v合作，打造了一個vTaiwan平臺，讓關心公共政策的網民，能與政府官員一同討論政策，擬定法規，像是網路能否販售酒品、電動滑板車是否可以上路、無人載具科技創新條例的討論等等，樹立數位公民參與公共事務的範例。

此外，新冠肺炎爆發之初，「口罩」變成全球短缺的戰略物資，臺灣口罩實名制上線後，g0v成員銜接政府部門的公開資料，開發各種線上查詢系統，有效分攤政府資料庫的沉重負擔。雖然因爲實務上的限制，導致藥房口罩查詢數據與店頭庫存有落差，卻可作爲衛福機關改進參考。

上述例子都有一個共同點，他們都不只是讓網友「按讚」，而是邀請觀看者參與社會行動，無論是新聞查核、資料視覺化或政策討論，這些專案透過互動進行深度溝通，在不同層面發揮作用。

近年來，臺灣科技產業的強大實力，成爲國際豔羨的進步指標。事實上，除了晶圓製造、半導體產業鏈等「硬實力」，臺灣科技圈有一項隱形「軟實力」，就是活躍的網路公民社群，除了g0v零時政府，還有各項黑客松、各種網路開發社群，長期培養一群自發的熱心參與者。

這些數位公民參與的例子，讓我們審慎樂觀相信，網路世界固然有不少惡意破壞者，然而，促成共好、推動正向改變的科技力量仍屬大多數，他們有機會抵銷、修正那些潛在的暗黑破壞力。

最棒的是，你也可能是那個「沒有人」。二〇一六年起，g0v每年舉辦「公民科技創新獎助金計畫」，任何人只要提出以科技改善社會的創意，並以開放原始碼完成程式開發，就能提案申請，入選者可獲得三十到五十萬元獎助金；換言之，等於是科技圈的「圓夢計畫」。

這個完全由民間自發組織、籌募資源、執行考核的獎助計畫，截至二〇一九年，已累積收到兩百七十二件提案，其中二十九件獲選，共發出一千三百六十五萬元獎金。或許你好奇，過去有哪些專案獲選？

例如，一群在學校主修測量製圖、空間資訊的學生，有感於臺灣道路品質缺乏系統性資訊，決定利用智慧型手機裡的「三軸感測器」，作爲偵測道路坑洞的感應器。他們設計一款名爲「臺灣路更平」的 **app**，志願使用者下載後，只要固定在車上，一旦行經坑洞，就會結合地圖圖資與 **GPS** 定位系統，上傳到系統資料庫，集眾人之力，自動描繪出顯示道路品質的地圖。

任何人都能查閱這份電子地圖，小坑洞標示爲橘色箭頭、大坑洞標爲紅色箭頭，不但能提供用路人參考，避開凹凸不平的路段，道路養護單位也能查知哪些路段需要修補。

另一個例子是長期關懷弱勢的非營利團體「人生百味」，他們發現，慈善單位提供街友的熱食、舊衣等物資，因爲彼此缺乏橫向協調，街友有時一個晚上收到三個便當，有時卻要餓著肚子入睡。因此，他們開發名爲「無家者小幫手」的網站，試圖改善此一問題。

「無家者小幫手」網站功能簡易而直覺，透過一個類似行事曆的網頁，慈善團體規劃捐贈時，可以上網查閱，若當天已有其他單位提供類似物資，就能自行判斷是否改變捐資品項、日期或地點，避免資源重覆浪費。另一方面，少數具備智慧手機的街友，也能查閱近日何處有物資發放，並告知其他街友，不必在不同發放點之間來回奔波。

這項「g0v公民科技獎助金」，正是科技改造社會的具體事證。或許有一天，你也能發現身邊微小但重要的問題，然後發揮創意，成爲解決問題的數位公民。

數位世界沒有英雄、沒有超人，只有很多「沒有人」。別忘了，「『沒有人』是萬能的」。

數位公民

臉書、谷歌都有自己的數位公民計畫（谷歌稱作「數位責任」），針對校園或一般民眾提供教材資源。如果你有興趣，還可以追蹤開放文化基金會，或g0v零時政府兩年一次的雙年會，理解掌握科技公民社群的議題。

貢獻數位公民一己之力，有很多方法，除了關注上述社群活動，你可以參與Cofacts、MyGoPen等線上查核團體，協助查核網路訊息。若你有特別關注的議題，也能與老師同學協力，發揮創意與實作能力，提案參加「公民科技創新獎助金計畫」，或許，你也有機會「寫程式改造社會」。

掃描條碼逛逛「公民科技創新獎助金計畫」的官網，看看歷屆獲得獎助的厲害作品。

公民科技創新
獎助金計畫

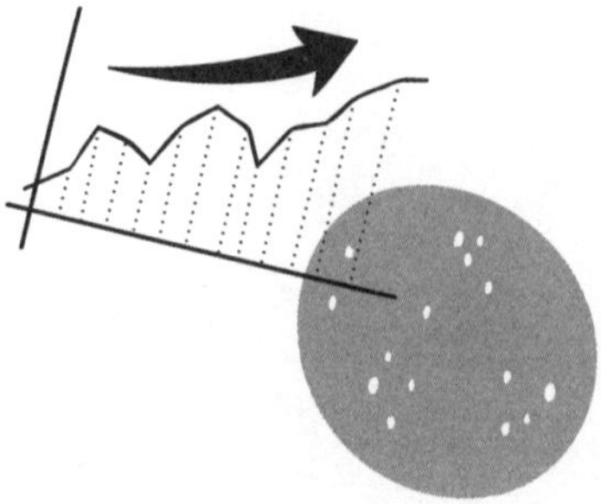

附錄

附錄

媒體與資訊素養推薦書、電影與TED演講

讀完這本書，如果你對「媒體識讀與資訊素養」產生更多興趣，以下列出一些延伸資源，包括適合中學生閱讀的十本主題專書、二十部電影或影集、十一段TED演講，它們都能豐富你對新聞媒體與科技素養的認知。

首先，內舉不避親，我寫過一本《新聞不死，只是很喘：媒體數位轉型的中年危機》，內容與本書主題相近，但幾無重覆，其中專章概述臺灣媒體轉型的發展近況，歡迎去借閱或購入閱讀。此外，可考慮追蹤我的專欄，同樣以媒體及資訊科技為主：

天下專欄

天下獨立評論

媒體與資訊素養主題書十選

○《假新聞教戰手冊：中小學教師怎麼教媒體素養與批判思考》

譯者：羅世宏、羅敬文，出版：五南

美國網路及教育工作者的著作，由傳播專業學者譯介，淺顯生動，例證豐富，是理解假新聞的極佳入門書。

○《新聞創業相對論》

編者：陳順孝，出版：優質新聞發展協會

輔仁大學新聞學者邀集臺灣中小型媒體創業者，組織九場精采對談，可以窺見當前媒體產業的機會與挑戰。

○《新聞，在轉捩點上：數位時代的新聞轉型與聚合》

作者：林照真，出版：聯經

臺灣大學新聞教授實地走訪歐美媒體，詳盡分析全球媒體與臺灣媒體的轉型聚合，兼及置入行銷與資料新聞等議題。

◯《新媒體判讀力：用科學思惟讓假新聞無所遁形》

作者：黃俊儒等人，出版：方寸文創

為科學網站及社群「PanSci泛科學」的破解偽科學與流言專欄，由中正大學教授黃俊儒等人執筆，特別聚焦科學傳播領域的假訊息。

◯《向下扎根！德國教育的公民思辨課7：過濾氣泡、假新聞與說謊媒體——我們如何避免被操弄？》

作者：曼佛雷德．泰森，出版：麥田

德國公民教育讀本之一，橫跨媒體識讀、假新聞產製、同溫層現象，以及民粹政治、網路隱私與數位資訊的關係。

◯《假新聞：21世紀公民的思辨課》

作者：卡洛尼娜．庫拉，出版：平安文化

與上一本書相近，但更著力於新聞實務角度，並探討社群媒體、虛假訊息與傳統媒體的競合，提供公民反制之道。

◯《給年輕記者的信》

作者：塞繆爾・弗里德曼，出版：五南

橫跨新聞工作與傳播教育的作者，以親切平實的筆調，闡述數位時代新聞記者的挑戰，對媒體工作懷抱興趣者必讀。

◯《凱撒不愛我》

作者：王健壯，出版：印刻

資深新聞人以五十二個記者故事，展示媒體監督權力的天職，例如報導水門案的伍華德，可藉此理解古典新聞理念。

◯《動員之戰：在超連結世代建立、說服、引導群眾，達成最佳效益》

作者：傑洛米・海曼斯、亨利・提姆斯，出版：天下雜誌

MeToo、TED Talk、維基百科……，以實例說明數位時代的社群力量，可套入近年諸多社會現象，充滿啓發性。

◯《被科技綁架的世界：無人駕駛、人工智慧、穿戴式裝置將帶你去哪裡？》

作者：尼可拉斯・卡爾，出版：行人

相對於上一本書的樂觀論調，本書提出懇切警告，認為科技雖帶來便利，若不慎用，有時也會釀成危機。

媒體主題影視二十選

12+ 輔十二級　15+ 輔十五級　18+ 限制級

好萊塢一向很喜歡拍攝媒體故事，藉由新聞記者視角探討社會議題，近年又多了網路與社群因素，以下挑選二十部精彩作品，有經典、有近作，包括一部臺灣影集，以及日韓電影各一。少數有分級限制，建議屆齡再觀看。

○《螢光幕後》（Network）1976

導演是擅長社會議題的名導，針對電視新聞在收視率操縱下的荒謬現象，提出犀利觀察與批判，不但開創這類題材類型，如今更是精準預言。

○《大陰謀》（All the President's Men）1976

必看的電影經典，追溯尼克森總統下臺的「水門案」，展現媒體與記者的勇氣與執著，以及面對爆料線索的追查苦功。

○**《收播新聞》**（Broadcast News）1987

講述電視新聞文化的經典電影，愛情喜劇點綴包裝，諷刺電視臺追求收視率，讓外貌取勝的男主播掛帥，以煽腥風格報導新聞。

○**《媒體先鋒》**（The Paper）1994

知名導演朗霍華的作品，述說八卦小報的記者，面臨多重困難選擇，他充滿正義感，想為無辜者翻案，又面臨報社老闆的緊迫壓力。

○**《驚爆內幕》**（The Insider）1994

改編真實故事，新聞節目「六十分鐘」揭發菸草業醜聞，迫使菸商付出天價和解金。鋪陳引人入勝，裡頭有羅素克洛與艾爾帕西諾精采的對手戲。

○**《欲蓋彌彰》**（Shattered Glass）2003

真實醜聞改編，老牌雜誌的新進記者為求表現，不斷捏造報導，因文章撰寫優良與讀者反應熱烈而獲得拔擢。直到東窗事發，震驚美國新聞圈，堪稱「假新聞」的老前輩。

○《社群網戰》（The Social Network）2010 12+

臉書創辦人崛起的真實故事，情節緊湊，對白精采，而且皆有所本，可以一窺社群巨頭背後的光明與黑暗，獲奧斯卡最佳改編劇本獎。

○《頭版新聞：紐約時報風雲》（Page One）2011

深入《紐約時報》編輯部的紀錄片，講述百年老報紙面對數位浪潮，引發各種焦慮、爭吵與衝突，赤裸反映傳統媒體的組織文化。

○《新聞急先鋒》（The Newsroom）2014 18+

HBO口碑影集，原創者是《社群網戰》的王牌編劇，深刻描繪電視圈文化，還有社群時代政治人物、網路輿論與新聞工作者的化學關係。

○《獨家腥聞》（Nightcrawler）2014 18+

以聳動刺激手法，諷刺新聞媒體的聳動嗜血，急於成名的自由記者不斷跨越紅線，在謊言中博取注目與利益，入圍奧斯卡最佳原創劇本，獲選年度十大佳片。

○《第四公民》（Citizenfour）2014

關於史諾登及「稜鏡計畫」的紀錄片，記述情報單位僱員史諾登，為何決心曝光政府監控民眾的內幕，寧可背負罪名逃亡，獲奧斯卡最佳紀錄片等殊榮。

○《銀幕大角頭2：傳奇再續》（Anchorman 2: The Legend Continues）2014 12+

誰說媒體主題電影一定很沈重？這部續集電影沿用第一集人物與風格，笑點有些白爛，但尖銳諷刺電視新聞如何媚俗，入木三分。

○《驚爆焦點》（Spotlight）2015

取材自《波士頓環球報》揭露教會集體性侵的真實案件，觸及調查報導、獨家新聞、採訪技巧、權力角逐等層面，獲奧斯卡獎最佳影片。

○《菜鳥的逆襲》（You Call It Passion）2015

以媒體職場文化為主軸，描寫南韓報社一名年輕娛樂記者，在長官無理威嚇下，意外跑出娛樂圈黑暗面的驚人獨家，同時探討新聞倫理議題。

◯《郵報：密戰》（The Post）2017

以「五角大廈文件案」為本，描述《華盛頓郵報》如何與《紐約時報》等媒體，揭發越戰機密報告的黑幕，此案立下「新聞自由大於政府權力」的典範。

◯《人肉搜索》（Searching）2018 12+

手法創新、題材新穎的劇情片，青少年女兒失蹤了，父親焦急之餘，透過她的社群帳號追查尋人，揭露網路與人性的幽暗面。

◯《私人戰爭》（A Private War）2018 15+

「獨眼記者」瑪麗科爾文的真實故事，她不斷前往最危險的戰場，出生入死，目擊採訪，即使失去一眼視力仍無悔恨，可理解戰地記者的實況。

◯《我們與惡的距離》2019

臺灣近年熱門話題影集，藉由社會事件，探討媒體組織、人性衝突與社會互動關係，同時看見網路媒體與鄉民風向的操作變數。

◯《李察朱威爾事件》(Richard Jewell) 2019

改編自一九九六年亞特蘭大奧運炸彈事件，描繪新聞媒體如何一面捧紅英雄，另一面對無辜者進行獵巫，提醒我們不要掉入「媒體審判」的陷阱。

◯《新聞記者》(The Journalist) 2019

改編自日本新聞記者的同名小說，主角懷疑她同為記者的父親，當年被加工自殺，進而追出驚人的弊案真相，挑戰日本官僚文化。

TED talk 科技與媒體十加一選

TED有不少精采的科技主題演講，只需花十幾分鐘，就能吸收一段重要觀念。我選出十段影片，橫跨數位科技的願景與挑戰，都有繁體中文版頁面。最後，加映唐鳳的TED視訊對談，主題是「數位創新如何協助抗疫，並強化民主」，無中文頁面，有英文及簡中字幕。

我推掉了 Tim Berners-Lee 的一天 伊恩．里奇（Ian Ritchie）

創投家伊恩．里奇回顧初次與伯納斯．李（Tim Berners-Lee）會面，拒絕對方投資推動全球資訊網的提議，他後來發現自己錯失歷史良機，短短五分半鐘，理解科技進展的偶然與必然。

Tim Berners-Lee 談網路的未來 伯納斯．李（Tim Berners-Lee）

創造全球資訊網的伯納斯．李，有感於當前數位社會種種弊病，大膽提出倡議，重新想像網路世界的未來。

網路的未來五千天 凱文．凱利（Kevin Kelly）

凱文凱利是科技媒體《連線》創刊主編，也是重要的科技作家與趨勢觀察者，他在網路誕生五千天之際，預言未來五千天的發展面貌。

認知剩餘將如何改變世界 克雷・舍基（Clay Shirky）

克雷・舍基是《鄉民都來了》等書作者，他以淺顯的故事，討論數位科技如何促成維基百科等分散式協作，讓網路成為創新與勇氣的土壤。

有連線，卻孤單？ 雪莉・特克（Sherry Turkle）

雪莉・特克是最早研究網路社群的社會心理學家，她以近作《在一起孤獨》為例，指出我們為何在一個充滿數位溝通的環境裡，卻同時感到孤單。

讓我們設計真正推動社會改革的社群媒體 威爾・戈寧（Wael Ghonim）

第三章引言中，曾介紹這位埃及茉莉花革命的推手，後來，他反思臉書等社群平臺的不足，倡議設計一種更好的社群工具，深刻動人。

為了讓人們點擊廣告因而造成反烏托邦 齊普納・圖菲西（Zeynep Tufekci）

美國近年很受重視的社會學家，專長研究網路科技文化，她分析社群平臺的「說服架構」，如何透過失控的大數據，讓社會日益分歧，難以對話。

社交媒體平臺於公眾福祉承擔了什麼義務 伊萊・帕理澤（Eli Pariser）

《搜尋引擎沒告訴你的事》一書作者，最早提出社群媒體的「同溫層」現象，他的用詞是「資訊泡泡」，這場演講裡，他點出資訊偏食的危害。

深入網路酸民與網路推手的怪異世界 安德魯・馬蘭茲（Andrew Marantz）

為了理解網路酸民與仇恨言論，這位新聞記者採訪多位極端意見的網民，試圖分析網路偏激言論的成因，以及我們該如何應對。

我們要如何重建網際網路 傑倫．拉尼爾（Jaron Lanier）

「虛擬實境」技術開創者，他以資深矽谷人的角度，娓娓道出當前網路世界的偏差現象，呼籲必須調整觀念，才能建立一個更好的數位空間。

數位創新如何協助抗疫，並強化民主 唐鳳

由TED官方策展人於二〇二〇年六月視訊訪問唐鳳，談臺灣如何利用數位科技與網路協作，建立政府與民間的防疫網絡。

成長與學習必備的元氣晨讀

親子天下執行長　何琦瑜

源於日本的晨讀活動

一九八八年，大塚笑子是個日本普通高職的體育老師。在她擔任導師時，看到一群在學習中遇到挫折、失去學習動機的高職生，每天在學校散漫恍神、勉強度日，快畢業時，才發現自己沒有一技之長。出外求職填履歷表，「興趣」和「專長」欄只能一片空白。許多焦慮的高三畢業生回頭向老師求助，大塚笑子鼓勵他們，可以填寫「閱讀」和「運動」兩項興趣。因為有運動習慣的人，讓人覺得開朗、健康、有毅力；有閱讀習慣的人，就代表有終身學習的能力。

但學生們還是很困擾，因為他們根本沒有什麼值得記憶的美好閱讀經驗，深怕面試的老闆細問：那你喜歡讀什麼書啊？大塚老師於是決定，在高職班上推動晨讀。概念和做法都很簡單：每天早上十分鐘，持續一週不間斷，讓學生讀自己喜歡的書。一開始，為了吸引學生，她會找劇團朋友朗讀名家作品，每週一次介紹好的文學作家故事，引領學生逐漸進入閱讀的桃花源。

沒想到不間斷的晨讀發揮了神奇的效果：散漫喧鬧的學生安靜了下來，他們上課比以前更容易專心，考試的成績也大幅提升了。這樣的晨讀運動透過大塚老師的熱情，一傳十、十傳百，最後全日本有兩萬五千所學校全面推行。其後統計發現，日本中小學生平均閱讀的課外書本數逐年增加，各方一致歸功於大塚老師和「晨讀十分鐘」運動。

臺灣吹起晨讀風

二〇〇七年，《親子天下》出版了《晨讀10分鐘》一書，書中分享了韓國推動晨讀運動的高果效，以及七十八種晨讀推動策略。同一時間，天下雜誌國際閱讀論壇也邀請了大塚老師來臺灣演講、分享經驗，獲得極大的迴響。

受到晨讀運動感染的我，一廂情願的想到兒子的學校帶晨讀。選擇素材的過程中，卻發現適合十分鐘閱讀的文本並不好找。面對年紀越大的少年讀者，好文本的找尋越加困難。對於剛開始進入晨讀，沒有長篇閱讀習慣的學生，的確需要一些短篇的散文或故事，讓少年讀者每一天閱讀都有盡興的成就感。而且這些短篇文字絕不能像教科書般無聊，也不能總是停留在淺薄的報紙新聞，才能讓這些新手讀者像上癮般養成習慣。如果幸運的遇到熱愛閱讀的老師和家長，一些有足夠深度的文本還能引起師生、親子之間，餘韻猶存的討論。

我的晨讀媽媽計畫並沒有成功，但這樣的經驗激發出【晨讀10分鐘】系列的企劃。在當今升學壓力下，許多中學生每天早上到學校，迎接他的是考不完的測驗卷。我們希望用晨讀打破中學早晨窒悶的考試氛圍。每日定時定量的閱讀，不僅是要讓學習力加分，更重要的是讓心靈茁壯、成長。在學校，晨讀就像在吃「學習的早餐」，為一天的學習熱身醒腦；在家裡，不一定是早晨，任何時段，每天不間斷、固定的家庭閱讀時間，也會為全家累積生命中最豐美的回憶。

第一個專為晨讀活動設計的系列

帶著這樣的心願，二〇一〇年，我們開創了【晨讀10分鐘】系列，邀請知名的作家、選編人，為少年兒童讀者編選類型多元、有益有趣的好文章，陸續推出：知名文學作家張曼娟老師選編《成長故事集》、文學大師廖玉蕙老師所主編的《幽默故事集》和《親情故事集》、兒童文學作家王文華老師選編《人物故事集》、鑽研少年小說的張子樟教授選編《文學大師短篇作品選》、音樂才子方文山先生選編《愛·情故事集》、文學評論和政論家楊照先生選編《世紀之聲演講文集》、《天下雜誌》群總編集長殷允芃女士選編《放眼天下勵志文選》、自然觀察旅遊作家劉克襄先生選編《挑戰極限探險故事》、閱讀專家柯華葳教授選編的《論情說理說明文選》、詩人楊佳嫻與鯨向海選編的《青春無敵早點詩：中學生新詩選》、閱讀專家鄭圓鈴教授主編的《閱讀素養一本通》、臺灣最熱血的大學教授葉丙成選編的《我的成功，我決定》、品學堂創辦人黃國珍選編的《你的獨特，我看見》、關心運動與社會議題的獨立媒體人黃哲斌選編的《運動故事集》、國際NGO工作者暨知名暢銷作家褚士瑩選編的《世界和你想的不一樣》，以及臺灣最大的科學社群PanSci泛科學選編的《科學和你想的不一樣》，提供給中學生更豐富的閱讀素材。

因應素養導向的新課綱精神，同時也為了幫助青少年面對未來世界的挑戰，並培養解決各種問題的能力。為此，我們最新推出了《未來世界我改變》、《未來媒體我看見》二書，《未來世界我改變》的選編人藍偉瑩，是國內推動教師學習共同體的重要推手，她看見環境永續的重要性，期帶領讀者思考全球永續發展議題；而《未來媒體我看見》再度邀請到曾榮獲「亞洲普立茲獎」的獨立媒體人黃哲斌，要帶領身處網路叢林的數位原生代，認識媒體識讀、解碼網路社群，培養數位公民素養力。

延續「素養」取向，這次我們仍與《閱讀理解》學習誌的編輯團隊合作，為兩本書量身設計《閱讀素養題本》，用意不在於測試孩子讀懂多少，而是要用系統化的方式，帶領孩子理解文本，並融合自身經驗深入探究，才能真正達到吸收內化的目的。

推動晨讀的願景

在日本掀起晨讀奇蹟的大塚老師，在臺灣演講時分享：「對我來說，不管學生在哪個人生階段……，我都希望他們可以透過閱讀，讓心靈得到成長，不管遇到什麼情況，都能勇往直前，這就是我的晨讀運動，我的最終理想。」

這也是【晨讀10分鐘】這個系列出版的最終心願。

推薦序

和哲斌大叔一起看見媒體的未來

文／羅世宏（中正大學傳播學系教授、台灣媒體觀察教育基金會董事長）

這幾年，臺灣關注與思索媒體未來的人越來越多，但黃哲斌絕對是其中用力最深的一位。

哲斌是廣受各界肯定的資深媒體人。我很佩服他有雙專業敏銳的眼睛，可以冷靜觀察新聞媒體與數位時代浮沉；也很希望像他那樣，能夠用一支睿智的筆記錄媒體過往，而且不忘在難免令人悲觀的媒體現狀中積極尋路，努力照見媒體未來。

書中每篇文章都能在十分鐘內輕鬆讀完，不過裡面的內容並不輕薄，且富有知識厚度與人文關懷的底蘊。這是因為，哲斌的文字有一種魔力，既精於敘事，又長於說理。裡面不只有充滿人味的故事，他在說理論事時也不會像別的大叔那樣，往往流於說教，或是純粹枯燥。由於這些相當難得的優點，我覺得本書不僅可成為中學生提升媒體與資訊素養的祕笈，甚至也可以成為修煉批判思考能力和寫作技巧的寶典。另外，我也推薦不同年齡層的讀者一同閱讀，運用此書勇踏數位世界。

我個人始終相信，民主社會與媒體發展同興衰，共命運：民主與媒體不是一起提升，就是一起沈淪。媒體非小事，因為是否能夠建構一個健全的媒體資訊生態系，不僅攸關臺灣民主的未來，也是每一個公民的責任。我也相信，臺灣媒體是有未來的，正如我對臺灣民主發展前景同樣審慎樂觀。而這本書的適時出版，讓我對媒體未來和民主前景更加有信心，也更有想像力。

最後，再次強調並毫無保留的鄭重推薦：請您閱讀這本書，和哲斌大叔一起看見，並且攜手創造我們共同期待的媒體未來，以及未來媒體。

推薦序

給新世代的早晨備忘錄

文／瞿筱葳（g0v台灣零時政府社群共同發起人）

什麼是媒體？什麼是識讀？我們在手機統治的資訊世界，什麼是能夠幫助我們從零思考，並尋找到新的行動方式的思考的支點？

近期關於這題最令人驚心的提醒，是紀錄片《智能社會：進退兩難》中，如刀一般說出了現實：「如果你沒有花錢買產品，那你就是被賣的產品」。如此扎心貼近，手機總在身旁，我們與紅點通知的注意力戰爭，才正熾熱。

戰場中，相信「新聞本身就是一種對世界的反抗」的哲斌，寫出這樣一本紮實的書，表達堅實立場，竟也不意外。哲斌以媒體為基底，帶著大家看的是現世中我們面臨的資訊處境。我們如此這般送出了自己的注意力，在演算法控制的世界中，我們都成為了產品嗎？有可能重握主權嗎？

哲斌在這些思考上，一直是批判與行動兼具的堅持者。從幾年前他叛然離開臉書的告白，就宣示了他對於資訊、新聞的態度。在此書中我看到的是一位父親和老派新聞人，耐心且真誠帶著新的一代看媒體，探討作為公民、作為人的核心價值。

在本書最後提到的g0v零時政府社群，也延續了這樣的思維。g0v以「寫程式改造社會」口號起家，二〇一二年開始從數位、民主、跨界、連結等關鍵字出發，找到了突圍的隊型。一路以來，哲斌一直關注公民科技社群，觀察數位阿宅（如今也成了宅爸宅媽）如何動手打造自己相信的開源資訊工具。

演算法帶來的思維質變，更需要建立「由下而上的匯流力量」（哲斌語），建立變革。我想這是作者將數位行動者的故事，寫在本書結尾的用心：識讀與行動，本就是一體兩面。人人都可是行動者。這是給新世代的早晨備忘錄，也值得爸媽一起細讀共讀。

晨讀10分鐘系列 042

[中學生]
晨讀10分鐘
未來媒體我看見

國家圖書館出版品預行編目(CIP)資料

中學生晨讀10分鐘：未來媒體我看見 / 黃哲斌文. -- 第一版. -- 臺北市：親子天下, 2021.06
240面 ;14.8x21公分. -- (晨讀10分鐘系列；42)
ISBN 9786263050037(平裝)
1.媒體素養 2.傳播教育

541.8303　　110006342

作者｜黃哲斌

責任編輯｜張玉蓉
封面插畫｜張庭瑀
版式設計｜柏思羽
內頁排版｜極翔企業有限公司
行銷企劃｜葉怡伶

天下雜誌群創辦人｜殷允芃
董事長兼執行長｜何琦瑜
媒體暨產品事業群
總經理｜游玉雪
副總經理｜林彥傑
總編輯｜林欣靜
行銷總監｜林育菁
副總監｜李幼婷
版權主任｜何晨瑋、黃微真

出版者｜親子天下股份有限公司
地址｜臺北市104建國北路一段96號4樓
電話｜（02）2509-2800 傳真｜（02）2509-2462
網址｜www.parenting.com.tw
讀者服務專線｜（02）2662-0332　週一～週五：09:00~17:30
讀者服務傳真｜（02）2662-6048
客服信箱｜parenting@cw.com.tw

法律顧問｜台英國際商務法律事務所．羅明通律師
製版印刷｜中原造像股份有限公司
總經銷｜大和圖書有限公司　電話：（02）8990-2588

出版日期｜2021年6月第一版第一次印行
　　　　　2024年8月第一版第九次印行
定　價｜320元
書　號｜BKKCI025P
I S B N｜9786263050037（平裝）

訂購服務——
親子天下Shopping｜shopping.parenting.com.tw
海外・大量訂購｜parenting@cw.com.tw
書香花園｜臺北市建國北路二段6巷11號　電話（02）2506-1635
劃撥帳號｜50331356 親子天下股份有限公司

立即購買 >
親子天下 Education・Parenting Family Lifestyle
親子天下 Shopping
親子天下 有聲故事書